한국인을 위한

김샘의
중국어
발음 원리
강의

한국인을 위한

김샘의

중국어

발음 원리

강의

김보경
지음

學古房

'그 김보경이 중국어 발음 관련 책을 낸다고?'

내가 중국어 발음 관련 책을 낸다는 소식을 접하게 될 경우, 나를 아는 사람들은 십중팔구 다소 의아한 생각을 가질 것으로 예상해본다. 대학 새내기 시절 사투리의 영향으로 반에서 중국어 발음이 가장 나빴던 학생. 그런 사람이 20여년의 세월이 흘러 중국어 발음 책을 낸다고 하면 대학 동기들 가운데 아마 그 시절을 떠올리며 웃음을 짓는 이가 있을 수 있겠다. 다음으로 오랜 기간 중국문학, 그 중에서 특히 고전문학을 전공해온 사람이 갑자기 중국어 관련 서적을 내는 모습을 학계에서는 분명 낯설게 생각할 것이고, 개중에는 부정적인 시각을 갖는 이들도 있을 것이다.

모든 것이 인연이 아닐까 싶다. 중국어 발음이 가장 나빴던 학생이 절치부심 노력해서 대학 선생으로 나름 실력을 인정받고 살고 있는 것도 인연이고, 또한 문학 전공자이기는 하지만 재직 중인 학교의 현실적 요구에 맞춰서 전공인 고전시가(古典詩歌)보다는 중국어, 그중에서도 발음을 보다 중점적으로 가르치고 있는 것도 인연이 아닐 수 없을 것이다. 그와 같은 인연 속에서 중국어 발음 관련 책을 쓰게 된 것인데, 이를 내가 처음부터 의도한 것은 결코 아니었고 운명 같은 것이 있다면 그것이 작용한 것이 아닐까 생각해본다.

이 시점에서 내 머릿속에 떠오르는 한 분. 형편없던 내 중국어발음이 올바른 궤도에 오를 수 있도록 이끌어주셨고, 중국어 학습에서 노력이 얼마나 중요한지에 대해서 실천적 가르침을 주셨던 나의 은사님. 바로 서울대학교 허성도 명예교수님. 은사님으로부터 가르침을 받을 수 있었던 것은 내 인생에서 가장 큰 행운 중의 하나였고, 은사님을 만나지 못했다면 지금 이런 책을 낼 생각조차 하지 못했을 것이다. 은사님의 가르침은 항상 엄격하면서도 따뜻했다. 그 가르침은 20여년이 흐른 지금까지도 고스란히 내 몸 속에 간직되어 있고, 나는 그것을 다시 내 학생들에게 어떻게든 잘 전수해주려고 노력하고 있다. 은사님께 받은 것의 몇 할이나 제대로 전달하고 있는지는 솔직히 잘 모르겠지만.

2011년 전임교수로 명지대학교에 처음 부임했을 때, 선배 교수님들께서 내게 중국어 발음 교과목을 맡기신 이래로 지금까지 약 6년의 세월이 흘렀다. 돌이켜보면 당시 학과장님께서 처음 발음 교과목을 맡아보라고 하셨을 때 '전공도 아닌데 어떻게 가르치지?'라는 생각보다는 '그래, 은사님께 받은 소중한 가르침을 후학들에게 제대로 전달해보자'라는 '소명' 같은 것이 먼저 느껴졌던 것 같다. 그래서인지 나는 줄곧 은사님의 따뜻한 가르침을 흉내 내어 학생 한 사람 한 사람의 발음교정을 위해 수업 이외의 시간까지 할애하면서 지도하였고, 그 결과 내 연구실 앞은 항상 발음 교정 및 테스트를 받기 위한 학생들로 장사진을 이루기도 하였다.

그렇게 중국어 발음을 6년 간 지도하면서 나는 두 가지 사실을 깨달을 수 있었다. 하나는 '중국어입문' 혹은 '초급중국어' 등의 교과목에서 초반에 중국어 발음 요령을 가르치기는 하지만 그것만으로는 중국어 발음 교육이 성공하기 어렵다는 사실이다. 다른 하나는 국내에 중국어발음 관련 교재가 몇 종 나와 있기는 하지만, 내 수업에 맞는 교재, 특히 발음 원리를 꼼꼼하게 설명하고 이를 충분한 연습으로 이어지게 하는 책은 쉽게 구할 수 없다는 사실이다. 또한 한국인들이 흔히 범하는 발음상의 오류를 면밀히 분석하고 지적한 책 역시 구하기 어려웠다.

이번에 세상에 선보이는 《(한국인을 위한) 김샘의 중국어 발음 원리 강의》는 이와 같은 배경에서 집필을 시작하게 된 책이다. 즉 중국어 발음을 집중적으로 지도하는 교육 프로그램의 필요성에 대한 인식이 부족하고, 그 프로그램을 뒷받침할 교재 역시 상대적으로 적은 현실을 직면하고, 이를 타개하는 데 조금이나마 기여해보고자 나는 이 책을 기획하고 쓰게 된 것이다. 한편 2016년부터 명지대학교 중어중문학과에 '중국어 발음 원리와 연습'이라는 보다 전문적이고 체계적인 전공 교과목이 신설되었고 그 과목 역시 내가 맡게 되었는데, 교과목 성격에 맞는 마땅한 교재를 찾지 못하여 중국에서 출판된 원서(仇鑫奕 편저 《外國人漢語發音訓練》)를 가지고 한 학기를 지도해보았다. 그러나 해당 중국 원서는 우리나라 대학 교재로 활용되기에는 다소 적합하지 않았고, 내용 역시 학생들이 소화하기에는 상당히 버거운 측면이 있었다. 이에 나는 본서의 출간을 더욱 서두르게 되었다.

이 책을 집필하면서 나는 기존에 출간된 중국어 발음 관련 교재뿐만 아니라 여러 중국어 이론 서적과 논문들을 살펴보았고, 지난 6년간의 교학 경험이 가급적 많이 녹아들 수 있도록 노력하였다. 또한 거의 매일 밤늦게까지 연구실에서 큰 소리로 중국어 발음을 시연해보면서 그간 쌓아온 나름의 발음 노하우들을 재삼재사 점검하고 정리하였다. 필요할 경우엔 표준 발음을 갖춘 중국인 지인들에게 자문을 구하였고, 별도로 중국어 관련 미디어 자료들을 수시로 접하면서 이 책에서 제시할 '발음 노하우'들이 효과적이면서도 합리적인지 꼼꼼하게 따져보았다.

'어떻게 하면 우리나라 사람들이 원어민에 가까운 중국어 발음을 가지는 데 도움을 줄 수 있을까?' 집필 기간 내내 나는 줄곧 이 한 가지 '화두'

를 붙잡고 있었다. 그러나 때론 심적으로 심한 스트레스를 받기도 하였고, '이게 과연 책으로 나올 수 있을까' 하는 의구심도 여러 차례 가져보았다. 이제 몇 달 간의 노력이 허사가 되지 않고 어쨌든 단행본의 형태로 나올 수 있게 된 점에 대해서는 정말 다행스럽게 생각한다. 다만 아무래도 비전공자인 관계로 오류가 없지는 않을 것인바, 관련 분야 전문가들에게 아낌없는 질정을 부탁드린다.

끝으로 이 책이 나올 수 있도록 도움을 주신 여러분들께 감사의 마음을 표하고자 한다.

우선 은사 허성도 교수님께 감사를 드린다. 거듭 말하거니와 은사님을 만나지 못했다면 이 책은 나올 수 없었다고 해도 과언이 아니다. 심지어 은사님께서는 제자가 중국어 발음 관련 책을 낸다는 사실을 아시고는 출판 직전 친히 원고를 검토해주셨고 아낌없는 격려를 보내주시기도 하셨다. 이 책에 소개된 상당수 방법론은 사실상 은사님으로부터 전수받은 것을 '술이부작(述而不作)'한 것에 지나지 않는데, 내가 오히려 그것을 제대로 전달하지 못한 게 아닐까 하는 염려도 없지 않다. 혹시 이 책에서 좋은 점이 발견된다면 그것은 대부분 은사님의 공이고, 반대로 이 책에서 부족한 점이 발견된다면 그것은 오로지 공부가 깊지 않은 김보경의 탓임을 미리 밝혀두고자 한다.

다음으로 중국어 교육에 있어서 발음의 중요성을 남달리 인식하고 이를 위한 특별 교과목을 일찍부터 개설하신 명지대학교 중어중문학과 선배 교수님들께 진심어린 감사의 마음을 전한다. 학생들이 탄탄한 발음 기초를 갖추고 일취월장하는 모습을 6년 간 지켜보면서, 선배 교수님들의 '혜안'에 탄복한 적이 한 두 번이 아니다. 그리고 부임 초기부터 발음 과목을 내게 맡겨주신 인연으로 이 책이 나올 수 있게 된 것이라는 사실

또한 잊어서는 안 될 것이다. 이밖에 정확한 발음으로 이 책의 녹음 작업에 참여해주신 명지대학교 중어중문학과 장옌(姜燕) 교수님과 박재현 동학, 그리고 발음 예시용 사진 촬영에 도움을 준 이은경 동학에게 감사의 마음을 전한다. 이들은 모두 원어민이거나 원어민과 같은 수준의 중국어를 구사하는 이들로 이 책의 완성에 적지 않은 기여를 하였다. 자료 정리와 입력을 도와준 김아롱, 김준영 동학, 음원 녹음 작업에 도움을 준 조준호, 유하나 동학에게도 감사의 말을 전한다. 결국 이 책은 명지대학교 중어중문학과의 비전과 역량 그리고 협조에 힘입어 탄생했다고 보아야 할 것이다.

이 책의 출판과 관련하여 학고방 하운근 사장님의 은혜도 잊어서는 안 될 것이다. 완전한 개설서도 아니고 그렇다고 완전한 교재도 아닌 '정체가 다소 애매모호한 책'의 출판을 사장님께서는 시장이 어려운 상황 속에서도 흔쾌히 허락해주셨다. 이 자리를 빌려 사장님께 진심어린 감사의 마음을 전하고자 한다.

마지막으로 일중독증(Workaholic)에 걸려서 가정에 빈자리를 자주 만든 '빵점짜리' 남편 때문에 고생하면서 지금까지 우리 가정을 잘 돌봐준 아내, 그리고 같이 잘 놀아주지도 못한 아빠를 한 번도 원망 않고 착하고 예쁘게 잘 자라준 아이들에게 감사의 마음을 전한다. 이들의 사랑과 인내 그리고 배려가 없었다면 이 책은 나올 수 없었을 것이다. 늘 미안한 마음뿐이고 이 책의 출간이 과연 이들에게 얼마나 위안이 될지는 나조차 잘 모르겠다. 갑자기 눈물이 고인다.

2017년 8월 명지대학교 연구실에서
김보경

2쇄 출간에 즈음하여

　　2017년 8월 처음으로《(한국인을 위한) 김샘의 중국어 발음 원리 강의》를 낸 이래로 어느덧 4년여의 세월이 흘렀다. 그동안 이 책을 교재로 삼아 전공 강의를 진행하면서, 나는 '중국어 발음 집중 지도용 교재 출간'이라는 목표를 어느 정도 달성했음을 (적어도 내가 재직 중인 학교에서는) 분명히 확인할 수 있었다. 그러나 일부 대목에서 좀 더 다른 방식으로의 접근이 필요함을 느끼게 되었고, 이를 위해 기존의 틀에 얽매이지 않고 더욱 효과적인 발음 교수법을 찾아서 끊임없이 연구하였다. 또한 이론적으로 다소 불완전한 측면을 보완하기 위한 노력도 게을리하지 않아 중국어 발음 교수법 관련 연구 논문 2편을 따로 발표하기도 하였다. 이밖에 몇 가지 사소한 오류들도 발견되어, 수정 출간을 통한 만회의 시간만을 기다리고 있었다. 그러던 차에 출판사로부터 2쇄 출간과 관련한 연락을 받고 기쁜 마음으로 수정 작업에 돌입하였고, 그 결과 지금의 2쇄본을 다시 내놓을 수 있게 되었다.

　　2쇄 출간을 맞이하여 그동안 이 책을 성원해준 모든 이들에게 진심으로 감사를 표한다. 아울러 1쇄본에 이어서 2쇄본 편집도 담당해주신 학고방 조연순 팀장님께 특별히 감사의 마음을 전하고자 한다. 수정할 부분도 유난히 많고 편집에 있어 일부 까다로운 부분도 있었음에도, 팀장님께

10

서 처음부터 끝까지 잘 도와주신 덕분에 큰 어려움 없이 작업을 마무리할
수 있었다.

끝으로 이번 2쇄본 역시 우리나라 중국어 학습자들의 발음 향상에 이
바지할 수 있기를 바라 마지않고, 그 부족한 점에 대해서는 중국어 관련
학계 및 교육계 종사자들의 아낌없는 질정을 기대한다.

2022년 2월 명지대학교 연구실에서
김보경

차례

이 책의 구성 및 활용법

입문: 중국어 발음 기초 지식 및 워밍업

중국어 발음 기초 지식

중국어 발음 표기법, 중국어 음절 구조 및 특징, 중국어 성모·운모·성조 등에 대한 간단한 소개를 통해서, 학습자들이 본격적인 중국어 발음 학습을 하기에 앞서 알아두면 좋은 기초 지식을 제공하였다.

◎ 중국어 발음 기초 지식

1. 중국어 발음 표기법

중국인들은 표의문자(表意文字)인 한자(漢字)를 문자로 사용하기 때문에, 오래전부터 발음을 표기할 수 있는 방법에 대해서 고민한 것 같다. 전통시기에 사용한 방법으로는 '반절(反切)'이라는 것이 있다. 간략히 소개하자면 '東'자에 대해서 '德紅切'이라고 표기함으로써, 해당 글자가 '德'과 '紅'의 소리가 결합하여 발음된다는 사실을 나타내었다.[1] 그러나 중국어 발음을 직접 표현하는 방식이 아니었던 관계로 불편함이 적지 않았다.

이런 상황은 19세기 중반에 영국인 토마스 웨이드(Thomas Francis Wade)가 로마자 표기법을 만들면서 변화가 생기게 되었다. 웨이드의 발음표기법은 이후 허버트 자일스(Herbert Allen Giles)에 의해 약간의 수정을 거친 다음 영어권에서 중국어 발음을 표기하는 데 통상적으로 쓰이는

워밍업

Chapter(1-12)에서 중국어 개별 발음을 본격적으로 학습하기 이전에 워밍업(Warming-up) 단계를 마련하여, 중국어 학습 초기에 한국인들이 비교적 쉽게 익힐 수 있는 발음들을 소개하고 이를 간단하게 연습해 볼 수 있는 기회를 제공하였다.

◎ 워밍업

중국어 자음과 모음의 소리는 예상 밖으로 우리말과 큰 차이를 보인다. 그러므로 우리나라 학습자들이 중국어 발음을 배울 때 초기 단계에서부터 당혹감을 표시하는 일이 적지 않다. 이에 본서에서는 중국어 개별 발음을 본격적으로 학습하기에 앞서, '워밍업' 차원에서 우리나라 학습자들이 따라 하기 쉬운 몇 가지 발음들을 소개하고 간단한 연습을 진행하고자 한다.

1. 성조: 제1성

- 먼저 원어민 선생님의 1성 소리를 들어본다. 🔊 0-17)
- 입을 크게 벌리고 우리말 '아' 소리를 내되, 처음부터 끝까지 높은 음을 유지한다.

Chapter1-12

Part1 원리이해

[발음원리] 학습자들이 보다 정확한 발음을 낼 수 있도록 개별 성모·운모·성조 등의 발음 원리를 음성학적으로 자세히 설명하였다.

[주의사항] 주로 한국인들이 쉽게 범하는 발음상의 오류와 기타 발음 시 주의할 부분에 대해서 설명하였다.

> **Part1** 원리 이해
>
> **1. 이중모음운모 'ɑi'**
>
> ① 발음 원리
> - [ɑi] : 'ɑ'와 'i'가 결합하면서, 주요모음 'ɑ'는 중설의 [A]에서 전설의 [a] 방향으로 발음 위치가 이동한다. 이는 전설모음 'i'의 영향을 받기 때문이다.
> - 'i' 역시 입을 크게 벌리는 저모음 'ɑ'의 영향을 받고 또한 운미이기 때문에 발음이 '약화'된다. 따라서 [i]로 소리가 나지 않고 [ɪ]로 혀의 높이가 살짝 낮아진다.
>
> 1) 일부 교재에서는 이 4개의 운모를 '복운모(複韻母)'라고 부르고 나머지 '이중운모 (二重韻母)'와 구분하기도 한다. (허성도, 《쉽게 배우는 중국어 입문》, 서울: 사람과 책, 2007, 13쪽)

[연습방법] 발음원리에 입각하여 정확한 발음을 쉽게 낼 수 있는 방법을 제시하였다.

[듣고 따라 읽기] 원어민의 발음을 듣고 따라 읽는 연습을 진행하도록 하였다.

Part2 핵심 비법 정리

Part1 '원리이해'에서의 설명 가운데 핵심만 추려 입모양 사진(운모) 혹은 측면도(성모)와 함께 제시하였다. 학습자들은 핵심비법을 참고하고 예시 사진과 측면도를 바탕으로 정확한 입모양과 혀의 위치를 확인함으로써, 표준 발음을 낼 수 있는 기초를 다질 수 있을 것이다.

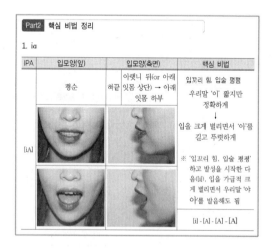

Part3 연습

Part1과 Part2의 설명을 바탕으로 개별 성모·운모·성조 등을 본격적으로 연습할 수 있도록 구성했다. 먼저 큰 소리로 따라 읽으며 유사한 발음을 분별하는 연습을 진행한 다음, 개별 성모·운모·성조 등이 포함된 음절 혹은 단어를 제시

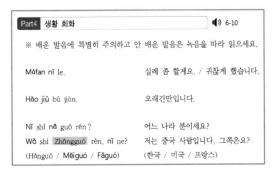

하였다. 단어는 교육부의 '제2외국어과 교육과정'(교육부 고시 제2015-74호[별책 16])의 [기본 어휘표]에 나오는 것을 위주로 선별하여, 초급자들의 중국어 단어 학습에 도움이 될 수 있을 것이다. 또한 중국어 발음을 귀로 정확하게 분별해내는 것을 테스트하는 연습문제도 매 강의마다 제공하였다.

Part4 생활 회화

이 책은 각 Chapter마다 2개의 강의가 있고, 각 강좌는 '생활 회화'로 마무리될 수 있도록 구성하였다. 생활 회화 속 구문들은 초급 수준의 쉬운 말들을 위주로 선별하였고, 각 강좌 속에서 다룬 개별 성모·운모·성조

등이 가급적 많이 포함될 수 있도록 하였다. 이를 통해 발음 학습과 회화 실력 향상을 동시에 도모해볼 수 있을 것이다.

기타

이밖에도 이 책 곳곳에는 [김샘의 발음 Talk]란을 두어, 중국어 발음과 관련된 일화, 본문에서 다루지는 않았지만 중국어 학습에 있어서 추가로 알아두면 좋은 내용, 중국어 발음 교육에 있어서의 경험담 등을 담아, 학습자들이 중국어 발음 학습 시 참고할 수 있도록 하였다. 또한 매 세 챕터 (Chapter) 뒤에 [멋진 발

음으로] 활동을 추가하여, 중국의 시, 민요, 대중가요, 잰말놀이 등을 좋은 발음으로 연습해볼 수 있는 기회를 제공하였다.

김샘의 발음 Talk

중국 산시(陝西)성 음식 가운데 **biángbiángmiàn** (**뱡뱡몐**)이라는 것이 있다. 그러나 이는 아주 특수한 예이기 때문에 표준 중국어 음운 체계에 **biang** 음이 존재한다고 말하기는 힘들다.

멋진 발음으로(Ⅰ)
- 中國詩 낭송

Yǒng é
Luò Bīnwáng

É, é, é.	꽥, 꽥, 꽥.
Qū xiàng xiàng tiān gē.	굽은 목으로 하늘을 향해 노래 부른다.
Bái máo fú lǜ shuǐ	흰 깃털로 녹색 물 위로 떠다니고
Hóng zhǎng bō qīng bō	붉은 갈퀴로 맑은 물결을 헤친다.

※ 진한 색으로 표시한 부분이 이 시의 韻字임.

입문 – 중국어 발음 기초 지식 및 워밍업

◎ 중국어 발음 기초 지식

1. 중국어 발음 표기법

중국인들은 표의문자(表意文字)인 한자(漢字)를 문자로 사용하기 때문에, 오래전부터 발음을 표기할 수 있는 방법에 대해서 고민한 것 같다. 전통시기에 사용한 방법으로는 '반절(反切)'이라는 것이 있다. 간략히 소개하자면 '東'자에 대해서 '德紅切'이라고 표기함으로써, 해당 글자가 '德'과 '紅'의 소리가 결합하여 발음된다는 사실을 나타내었다.[1] 그러나 중국어 발음을 직접 표현하는 방식이 아니었던 관계로 불편함이 적지 않았다.

이런 상황은 19세기 중반에 영국인 토마스 웨이드(Thomas Francis Wade)가 로마자 표기법을 만들면서 변화가 생기게 되었다. 웨이드의 발음표기법은 이후 허버트 자일스(Herbert Allen Giles)에 의해 약간의 수정을 거친 다음 영어권에서 중국어 발음을 표기하는 데 통상적으로 쓰이는

---

1) 원리는 매우 간단하다. 현대음을 기준으로 간략하게 설명하자면, 德(⊕ dé, ㉠ 덕)의 성모(대략 우리말의 '자음'에 해당)와 紅(⊕ hóng, ㉠ 홍)의 운모(우리말의 '모음+받침'에 가까운 개념)가 결합하여, 'dóng' 혹은 '동'이 '東'자의 음임을 나타내는 것이다. 다만 시대가 흘러 소리가 변함에 따라 현재 '東'은 중국어로는 'dóng'(2성)이 아니라 'dōng'(1성)으로 발음된다.

방식이 될 수 있었다. 비록 현재는 사용자가 점차 줄어들고 있는 상황이기는 하지만, 영어권 중국학자들과 대만인들은 로마자로 중국어 발음을 표기할 때(특히 자신의 이름을 쓸 때) 여전히 이 방식을 많이 사용하고 있다. 웨이드식 발음 표기법의 한 예로, 유명한 대만 출신 여성 골퍼 '曾雅妮'는 현재 대륙에서 통용되는 발음 표기법에 따르면 'Zēng Yǎnī'[2]이지만 웨이드-자일스 표기법에 따르면 'Tsêng Yani'가 된다. 그래서 흔히 그녀를 '청야니'로 많이 부르고 있다. 또 과거 유명 테니스 선수였던 '마이클 창(Michael Chang)'의 성씨 역시 웨이드-자일스 표기법을 따른 것이다. 참고로 이 선수의 중국어 이름은 '張德培'이고 대륙의 표기법에 따르면 'Zhāng Dépéi'[3]가 된다.

한편 1918년 중화민국 정부에서는 한자 대신 표음문자(表音文字)를 사용하기 위해서 '주음자모(注音字母)'라는 것을 만들었다. 그러나 한자를 버릴 수 없었던 관계로 나중에는 이 자모를 '주음부호(注音符號)'로 다시 명명하고 한자의 발음기호로만 사용하였다. 현재 대만에서 주로 사용하고 대륙에서는 거의 사용하지 않는다. 주음부호의 예를 하나 들자면, '曾雅妮'를 주음부호로 표시하면 'ㄗㄥ ㄧㄚˇ ㄋㄧ'가 된다.

이상의 발음표기법은 1958년 중국 정부에서 '漢語拼音方案(한어병음방안)'을 제정한 이래로 사실상 중국어 발음 표기법상의 주도권을 잃게 되었다. 한어병음방안은 웨이드-자일스 표기법과 마찬가지로 로마자로 중국어를 표기하지만, 실제에 있어서는 큰 차이를 보인다. 현재 중국에서 공식적으로 채택한 발음표기법으로 외국인들에게 중국어를 가르칠 때도 대부분 이 발음표기법을 사용하고 있다. 로마자에 익숙한 외국인들이 익히기 쉬운 장점은 있으나, 실제에 있어서는 통상적으로 알고 있는 알파벳

---

2) 중국어 한글 표기법에 따르면 '쩡야니'가 된다.
3) 중국어 한글 표기법에 따르면 '장더페이'이다.

의 발음들과 많이 다르기 때문에 외국인 학습자들이 자칫 옳지 않은 발음을 익힐 우려 또한 존재한다. 따라서 한어병음방안으로 중국어 발음을 배울 때는 기존에 알고 있던 알파벳 발음과 연결시키지 말고 별도로 정확한 발음을 익혀야 한다. 이에 본서는 오늘날의 추세에 따라 한어병음방안에 입각하여 중국어 발음을 학습시키되, 개별 성모와 운모의 발음원리 및 주의사항, 그리고 연습방법을 하나하나 자세히 설명하여, 학습자들이 더욱 정확하고 더욱 중국인에 가까운 발음을 익힐 수 있도록 세심한 지도를 펼쳐 나갈 것이다.

2. 중국어 음절 구조 및 그 특징

세상의 모든 언어는 자음과 모음이 있고, 하나의 음절은 이 자음과 모음의 결합으로 이루어진다. 중국어 역시 예외는 아니지만, 중국어 음절을 설명하는 방식은 전통적으로 기타 언어와는 다소 다르다.

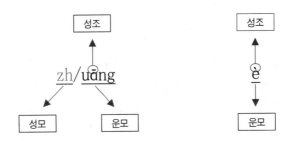

중국어의 음절은 이와 같이 크게 성모(聲母)와 운모(韻母), 그리고 성조(聲調)로 구성된다. 단 성모 없이 운모와 성조만 나타나는 경우도 있다. 성모는 기타 언어의 자음과 거의 같은 개념이고, 운모는 하나의 음절에서 성모를 제외한 나머지 부분을 가리킨다. 그리고 성조는 한 음절에서 음의 높낮이를 나타낸다. 한편 하나의 운모는 다시 다음과 같이 세 부분으로 나눌 수 있다.

	운두(韻頭)	주요모음(운복, 韻腹)	운미(韻尾)
ex	u	a	ng
	i	a	o

이 가운데 주요모음은 반드시 있어야 하고 운두와 운미는 경우에 따라 생략될 수 있다. 위의 두 가지 운모 'uang'과 'iao'에서 운두와 운미가 모두 없는 경우엔 'a'로 발음이 되고, 운두가 없는 경우엔 'ang'과 'ao'로 발음된다. 그리고 운미가 없는 경우엔 'ua'와 'ia'로 발음된다.

3. 중국어 성모

한어병음방안에서는 다음과 같이 21개의 성모를 사용한다.

명 칭	발음위치	종 류
쌍순음(雙脣音)	양 입술	b, p, m
순치음(脣齒音)	윗니 끝 - 아래 입술	f
설치음(舌齒音)	윗니 뒤 - 혀끝	z, c, s
설첨음(舌尖音)	윗잇몸 - 혀끝	d, t, n, l
설첨후음(舌尖後音)	경구개 - 혀끝	zh, ch, sh, r
설면음(舌面音)	경구개 - 혓바닥의 앞부분	j, q, x
설근음(舌根音)	연구개 - 혀뿌리	g, k, h

위 표는 조음이 되는 위치의 선후에 따라 중국어 성모를 배열한 것이다. 즉 쌍순음이 가장 앞에서 소리가 나고 설근음이 가장 뒤에서 소리가 난다. 이를 그림으로 나타내면 다음과 같다.

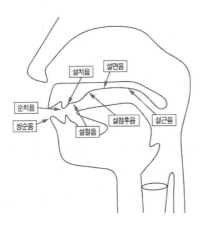

설치음 설면음
순치음
쌍순음 설첨후음 설근음
설첨음

4. 중국어 운모

중국어의 운모는 그 성격에 따라 크게 단운모(單韻母), 이중모음운모
(二重母音韻母), 삼중모음운모(三重母音韻母), 대비음운모(帶鼻音韻母),
권설운모(捲舌韻母) 등으로 분류된다.[4] 이를 표로 제시하면 다음과 같다.

명 칭		종 류
단운모		a, e, o, i, u, ü
이중모음운모	전향복운모(前響複韻母)	ai, ao, ei, ou
	후향복운모(後響複韻母)	ia, ie, üe, ua, uo
삼중모음운모		iao, iou, uai, uei
대비음운모	운미 '-n'	an, en, ün, in uan, uen, üan, ian
	운미 '-ng'	ang, ong, eng, ing uang, ueng, iang, iong
권설운모		er

4) 이상의 분류는 박종한·양세욱·김석영 공저 《중국어의 비밀》(서울: 궁리, 2012)
374-378쪽의 설명을 참조하였음을 밝힌다. 이 책에서는 '구성방식에 의한 운모 분
류'와 '구성음소에 의한 분류'로 구분하여 서술하고 있는데, 본서에서는 이를 서술
상의 편의에 따라 적절히 통합하였다.

5. 중국어 성조

중국어는 아주 옛날부터 성조가 있었다. 중국어의 성조를 언급할 때 흔히들 '사성(四聲)'이 있다고 말한다. 사실 고대 중국어의 4성으로는 평성(平聲), 상성(上聲), 거성(去聲), 입성(入聲)이 있었고, 이것이 오랜 세월을 거치면서 오늘날의 음평(陰平), 양평(陽平), 상성(上聲), 거성(去聲)으로 변화되었다.[5] 보통 음평은 제1성, 양평은 제2성, 상성은 제3성, 거성은 제4성이라고도 부르는데, 본서에서도 편의상 숫자로 된 명칭을 사용하기로 한다. 현대 중국어의 각 성조는 다음과 같은 성질을 가지고 있다.

성조	표기 예시	특징
제1성	mā	처음부터 끝까지 가장 높은 음을 유지한다.
제2성	má	가운데 음높이에서 가장 높은 음으로 상승하는 소리이다.
제3성	mǎ	2성의 첫소리보다는 다소 낮은 음높이에서 시작하여 가장 낮은 음을 한동안 냈다가 끝부분에서 소리를 다시 살짝 올린다.
제4성	mà	가장 높은 음에서 시작하여 가장 낮은 음으로 음높이를 빠른 속도로 떨어뜨린다.

위의 설명과 관련하여, 중국어의 성조는 통상적으로 다음과 같은 그림으로 표시하기도 한다.[6]

---

5) 이는 순전히 북방어(北方語)를 기준으로 하는 '보통화(普通話)'에만 적용되는 설명이다. 오늘날 일부 방언에서는 여전히 먼 옛날의 '사성' 체계가 그대로 남아 있는 경우가 있다. 특히 광동화(廣東話, 粤語)는 고대 중국어와 마찬가지로 평·상·거·입 4성이 모두 존재한다. 또한 광동화의 평·상·거 3성은 각각 음양(陰陽)으로 나뉘어져 음평, 양평, 음상, 양상, 음거, 양거의 6성으로 분화되고, 거기에 상음입(上陰入), 중음입(中陰入), 양입(陽入)과 같은 입성 3성이 추가되어 총 9개의 성조가 나타난다.

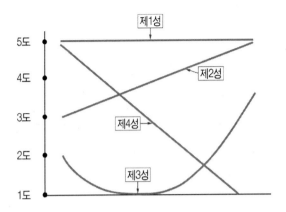

이 밖에 중국어 음절은 때때로 원래의 성조를 잃고 가볍고 짧게 발음
되기도 하는데, 이러한 소리를 별도로 '경성(輕聲)'이라고 부른다. 경성은
따로 성조표기를 하지 않고 앞 음절의 성조에 따라 음높이가 달라지는
특징이 있다. 현대 중국어의 네 가지 성조 및 경성에 대해서는 본서
Chapter1 및 Chapter2에서 보다 자세히 설명하도록 하겠다.

---

6) 이와 같이 현대 중국어의 성조를 표시하는 방법을 '오도제표조법(五度制標調法)'이
라고 한다. 그 뜻은 중국어의 음높이를 다섯 단계(5도)로 설정하고 그 틀 안에서
각 성조의 변화를 표시하는 방법이라는 것이다. 창시자는 유명한 중국어 언어학자
자오위안런(조원임, 趙元任)이다.

◎ 워밍업

중국어 자음과 모음의 소리는 예상 밖으로 우리말과 큰 차이를 보인다. 그러므로 우리나라 학습자들이 중국어 발음을 배울 때 초기 단계에서부터 당혹감을 표시하는 일이 적지 않다. 이에 본서에서는 중국어 개별 발음을 본격적으로 학습하기에 앞서, '워밍업' 차원에서 우리나라 학습자들이 따라 하기 쉬운 몇 가지 발음들을 소개하고 간단한 연습을 진행하고자 한다.

1. 성조: 제1성
   - 먼저 원어민 선생님의 1성 소리를 들어본다. ◀) 0-1
        ā
   - **입을 크게 벌리고** 우리말 '아' 소리를 내되, 처음부터 끝까지 높은 음을 유지한다.
   - 다시 원어민 선생님의 발음을 큰소리로 따라해 본다.
        ā

2. 성모 5개: 'm', 'b', 'n', 'd', 'g'
   - 먼저 원어민 선생님의 발음을 들어본다. ◀) 0-2
        mā, bā, nā, dā, gā

   - 각 성모는 대략 다음의 우리말 자음에 대응한다.

병음	m	b	n	d	g
우리말	(ㅁ)ㅁ	ㅃ	(ㄴ)ㄴ	ㄸ	ㄲ

※ 'm'과 'n'은 우리말 '음'과 '은'을 먼저 연상하고 발음을 시작하는 것이 좋다.

- 다시 원어민 선생님의 발음을 큰소리로 따라해 본다.

    mā, bā, nā, dā, gā

Chapter 1
단운모, 중국어 4성

제1강 단운모 I (a, e, o)

Part1 원리 이해

1. 단운모 'a'[1)

① 발음 원리

- [A] : 혀의 (앞뒤로) 중앙 위치에서 소리가 형성되고, 혓바닥은 낮게 깔고 입은 크게 벌려야 한다. 입모양은 둥글게 하지 않는다.[2) 정확한 발음위

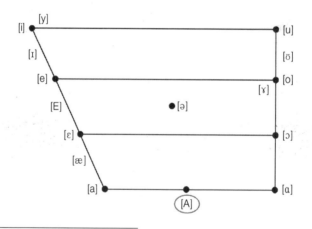

---

1) 본서에서 알파벳은 일반적으로 한어병음을 나타낸다. 실질 발음을 나타내기 위해 사용할 IPA(International Phonetic Alphabet, 국제음성기호)는 별도로 [ ] 안에 표시한다. 또한 한어병음과 IPA를 보다 명확하게 구분할 필요가 있을 경우, 특히 '원리 이해' 파트에서는 한어병음을 작은따옴표(' ') 안에 표시하고자 한다.

2) 중국에서는 이 발음을 '舌面央底不圓脣元音'이라고 한다. 즉 혓바닥(舌面) 중앙(央)을 밑으로 낮게 깔고(底) 입술을 둥글게 하지 않은 채(不圓脣) 발음하는 모음(元音)이다.

치 확인을 위해 우선 위 모음사각도를 참고한다.
- 우리말 '아'에 대응하는 발음이나 실제 발음 방식에서는 다소 차이가
  난다.

② 주의사항
- 우리말에 비슷한 발음이 있기 때문에 많은 사람들이 중국어의 'ɑ'를 지나
  치게 쉽게 생각한다.
- 그러나 우리나라 사람들은 '아'를 발음할 때 보통 입을 적게 벌리고 다소
  앞쪽에서 발음하기 때문에 [A]보다는 [a]로 발음하는 경향이 있다. 경우에 따
  라서는 중앙 위치에서는 발음하되 입을 적게 벌리는 [e]음으로 발음하기도
  한다.
- 입안에 보다 큰 공간이 생길 수 있도록 노력하고 혓바닥이 융기되지
  않도록 주의한다.

③ 연습방법
- 입을 좀 더 크게 벌리도록 노력하면서 우리말 '아'를 발음해본다.
- 혀끝의 위치는 아래 잇몸의 하부에 둔다. 연습 시에는 혀 밑에 있는 말랑말
  랑한 부분까지 혀끝을 내린다는 기분으로 해도 무방하다.[3]

---

3) 중국어에 있어서 모음의 발음위치가 전후(前後)를 기준으로 중앙에서 발음되는 중
   설모음(이를 중국에서는 '앙원음(央元音)'이라고 부른다)일 경우, 혀끝의 위치를 '아
   래 잇몸의 하부'에 두는 것이 좋다. 참고로 혀끝의 위치는 전설모음일 경우엔 '아랫니
   뒤'로, 후설모음일 경우엔 '혀 밑 말랑말랑한 부분'으로 옮겨가게 된다. 혀끝의 위치를
   잘 조정함으로써 보다 이상적인 소리를 낼 수 있음에 주목하기 바란다.

④ 듣고 따라 읽기 🔊 1-1

ā　　mā　　bā　　nā　　dā　　gā

한어병음 표기에 있어서 'ɑ'가 나오면 가급적 입을 크게 벌릴 수 있어야 한다.
'ɑ'는 한 음절 내에서는 무조건 주요모음이 된다. 발음 환경에 따라서 [a], [ɑ],
[ɛ], [æ] 등으로 소리 나기도 하지만, 해당 음절 속에서 입을 가급적 크게 벌리고
입안에 보다 큰 공간을 만들 수 있으면 위 발음들을 모두 쉽게 낼 수 있다.

---

2. 단운모 'e'

① 발음 원리

◇[ɤ] : 혀의 뒤에서 소리가 나고 입은 절반까지 벌려서는 안 되고 1/3
정도로 약간만 벌린다. 입모양은 둥글게 하지 않는다.[4]

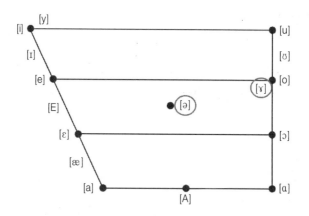

---

4) 중국에서는 '舌面後半高不圓脣元音'이라고 부른다. 즉 혓바닥(舌面) 뒷부분(後)을
반쯤 높은 위치(半高)로 올리고 입술을 둥글게 하지 않은 채(不圓脣) 발음하는 모
음(元音)이다.

◇ [ə] : 혀의 중앙에서 소리가 나고 입은 절반 정도 벌린다. 입모양은 마찬
가지로 둥글게 하지 않는다.[5] 단운모 'e'가 경성일 때 이 소리로 발음
한다.

② 주의사항
- 한국인들은 중국어 단운모 'e'를 구분 없이 우리말 '어'로 발음하기
쉽다.
- 또한 단운모이기 때문에 입모양이 변화하지 않는 것으로 생각하기
쉬우나, [ɤ]는 실제로 입모양의 변화가 살짝 수반된다.

③ 연습방법
◇ [ɤ]
- 우리말 '으어'를 발음해본다.
- 이때 '으' 소리를 아주 살짝 내고 점차 입을 벌리면서 '어' 발음으로 진행해나
간다. '으'보다는 '어'로 진행해나가는 부분의 소리가 길고 분명해야 한다.
- '어'로 진행하면서 입은 최종적으로 1/3 정도만 벌려야 한다. 입을 벌
리는 정도가 지나쳐서 [ə] 소리를 내는 단계로까지 진행해서는 곤란
하다.
- [ɤ]는 입을 그렇게 많이 벌리는 소리가 아니다. 그러나 단번에 이 발
소리를 내기란 대단히 어렵기 때문에, 단운모임에도 우리말 '으'에 해
당하는 발음부터 시작한다고 이해해도 무방하다. 또한 '으'를 먼저 발
음하게 됨으로써 일부러 의도하지 않는다면 '어'의 발음이 [ə]까지는

---

5) 중국에서는 '舌面央中不圓脣元音'이라고 한다. 즉 혓바닥(舌面) 중앙(央)을 입안 중
간 높이에 위치시킨 후(中) 입술을 둥글게 하지 않고(不圓脣) 발음하는 모음(元音)
이다.

쉽게 가지 않게 된다는 것을 확인할 수 있다. 따라서 '으어어어'와 같은 느낌을 살리면 비교적 쉽게 발음할 수 있다.

김샘의 발음 Talk

· 중국어 발음을 배우는 동안에는 자주 거울을 보면서 자신이 얼마만큼 입을 벌리는가를 확인해보는 것이 좋다. 입을 벌리는 정도 즉 '개구도(開口度)'를 측정하기 위해서는, 입술과 입술 사이의 거리가 아니라 **아랫니(상단)와 윗니(하단) 사이의 거리**를 재야한다. 만약 자신이 '아'를 발음하면서 입을 가장 크게 벌렸을 때 '아랫니-윗니' 사이의 길이가 3cm라면, 그것의 절반은 1.5cm가 되고, 1/3은 1cm가 되는 것이다. 좋은 발음을 갖기 위해서는 자신의 개구도에 대한 파악과 연습이 수반되어야 한다.

· [ɤ]의 개구도는 연습을 통해서 확실히 익혀두는 것이 좋다. 뒤에 나오는 'e'가 들어가는 발음의 기초가 될 뿐만 아니라, 'o'의 발음 연습도 [ɤ]를 기반으로 하는 것이 좋기 때문이다.

◇ [ə]

- 단운모로서는 경성일 때만 이 발음을 내기 때문에 긴장을 풀고 가볍게 우리말 '어' 소리를 내면 된다.

- [ɤ]를 발음할 때는 발음기관이 긴장하기 마련인데, 그렇게는 경성을 제대로 낼 수 없기 때문에 긴장이 이완되는 과정에서 [ə]음이 난다고 이해해도 무방하다.

- [ʌ]를 발음할 때처럼 혀끝을 아래 잇몸의 하부에 두고 '어' 소리를 낸다. 입은 절반 정도 벌어져야 한다.

④ 듣고 따라 읽기 🔊 1-2

| ē | dē | gē | | | cf) mē(X), bē(X), nē(X) |
| e | me | ne | de | ge | cf) be(X) |

3. 단운모 'o'

① 발음 원리

- [o]: 혀의 뒤에서 소리가 나고 개구도는 [ɤ]와 같다. 다만 [ɤ]와는 달리 입모양이 둥근 모양을 취한다.[6]

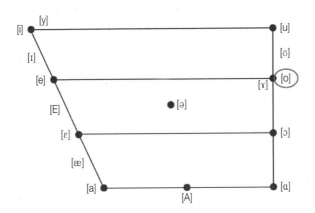

② 주의사항

- 한국인들은 중국어 단운모 'o'가 우리말 모음 '오'와 발음이 같다고 생각하기 쉽다.
- '오빠', '오징어' 등의 '오'를 발음해보면, 입술이 동그란 모양으로 앞으로 내밀어지게 된다. 혀끝은 아래 잇몸에 머물게 되고 혀뿌리는 살짝 올라간다.
- 중국어의 'o'는 '오'에 비해서 혀가 좀 더 뒤로 당겨지고 혀뿌리도 좀 더 위로 올라간다. 입술은 '오'만큼 동그랗거나 앞으로 나오지 않는다.
- 또한 단운모이기 때문에 입모양이 변화하지 않는 것으로 생각하기 쉬우나, 실제로는 끝부분에서 입모양의 변화가 살짝 수반된다.

---

6) '舌面後半高圓脣元音'. 즉 혓바닥(舌面) 뒷부분(後)을 반쯤 높은 위치(半高)로 올린 후 입술을 둥글게 하고(圓脣) 발음하는 모음(元音)이다.

③ 연습방법

- 'e([ɤ])'를 먼저 발음해보자. 'e'의 마지막 입모양만큼 입을 벌리고(1/3) 우리말 '오'를 소리내본다.(단 혀끝은 혀 밑에 있는 말랑말랑한 부분에 계속 닿아 있어야 함)
- 거울로 비춰보면 **입모양이 둥글납작한** 것을 확인할 수 있다.
- 그 소리를 좀 길게 뽑아내다가 끝부분에서 입의 긴장을 풀면 우리말 '어' 비슷한 소리가 살짝 뒤따르는 것을 확인할 수 있다. 대부분의 경우 이 소리까지 다 내야지만 완전한 'o'의 발음을 완성할 수 있게 된다.

김샘의 발음 Talk

중국인들 가운데 'o'를 마치 우리말 '어'처럼 들리게 발음하는 이들을 가끔씩 만나게 된다. 과거에 만난 어떤 중국인 선생님은 낙빈왕(駱賓王)의 시 <거위에 대해 읊다(詠鵝)>(본서 Chapter3 뒤 '멋진 발음으로'편 참조)의 마지막구 "Hóng zhǎng bō qīngbō(紅掌撥清波)"를 마치 우리말 "훙장뻐칭뻐"처럼 들리게 읽으셨다. 당시 필자는 왜 'hóng'을 '훙'이라고 하고, 'bō'를 '뻐'라고 하는지에 대해서 무척 의아한 생각이 들었다. 'bo'니까 당연히 '뽀'와 비슷한 발음을 기대했는데 전혀 다른 소리가 들렸기 때문이다.[7]

그때 필자는 중국어 음성학에 대한 지식이 전혀 없었다. 때문에 'bo'는 당연히 '뽀'로 읽어야 한다고 생각했던 것 같다. 지금 돌이켜 생각해보면, 그 선생님의 'o'발음은 '둥글납작'해야 하는 입술모양에서 '납작'한 측면이 다소 두드러져 평순에 가까워진 형태로 발음되었던 것이지 발음이 완전히 잘못된 것은 아니었던 것 같다. 잘못이라면 'bō'에 대해서 '뽀'를 기대하였고 그 분의 발음을 아예 '뻐'로 들은 필자가 범했을 가능성이 더 크다.

이 일화를 통하여 'o'가 우리말 '오'와는 전혀 다른 음이라는 사실, 그리고 중국인 가운데 '오'음을 기대하는 우리나라 사람들의 기대를 확실히 '저버리는' 이들이 있다는 사실을 말하고자 한다. 다만 '어'에 가깝게 들렸던 'o'음 역시 표준발음은 아니므로 따라 해서는 곤란할 것이다.

---

7) 'ong'의 음가에 대해서는 Chapter8에서 다시 구체적으로 설명하기로 한다.

④ 듣고 따라 읽기 🔊 1-3

ō　　mō　　bō　　　　　　cf) no(X), do(X), go(X)

① a

IPA	입모양(앞)	입모양(측면)		핵심 비법
	평순*	혀끝	아래 잇몸 하부	
[A]				입을 가급적 크게 벌리고 + 우리말 '아'

* '평순(平脣)'은 입술 모양이 평평하고 둥글지 않다는 것을 뜻한다.

② e

IPA	입모양	입모양(측면)		핵심 비법
	평순	혀끝	혀 밑 말랑말랑 부분	우리말 '으' 소리 살짝 ↓ 소리를 끊지 말고 입을 천천히 벌리면서 우리말 '어' (입은 1/3 정도까지만 벌림)
[ɣ]				
[ə]	평순	혀끝	아래 잇몸 하부	긴장을 풀고 (입은 절반 정도 벌림)

IPA	입모양	입모양(측면)	핵심 비법
			+ 가볍게 우리말 '어'

③ o

IPA	입모양(앞)	입모양(측면)		핵심 비법
	원순*	혀끝	혀 밑 말랑말랑 부분	'e([ɤ])'의 마지막 입모양만큼 입 벌리고(1/3) 우리말 '오' 길게
[o]				↓ 끝부분에서 원순상태의 긴장을 풀면 '어'처럼 들리는 소리([ə])가 뒤따름

* '원순(圓脣)'은 입술 모양이 둥글다는 의미이다.

Part3 **연습**

1. 큰소리로 따라 읽으며 소리를 분별해보세요. 🔊 1-4

    ā / ē / ō   mā / mō   bā / bō

    dā / dē   gā / gē

2. 발음을 듣고 큰소리로 따라 읽으세요.

  ※ 배운 운모에 특별히 주의하고 안 배운 발음은 녹음을 따라 읽으세요.

① α([A]) 🔊 1-5

ā	bā	mā
fā	tā	nā
lā	gā	hā
zā	chā	rā

② e([ɤ]) 🔊 1-6

ē	dē	lē
gē	kē	hē
zhē	chē	shē

③ o([o]) 🔊 1-7

ō	bō	pō	mō

3. 다음 녹음을 듣고 음절 속에 포함된 운모를 적어보세요. 🔊 1-8

(※ 성조는 무시해도 좋음)

① m___m___ (엄마)

② g___g___ (형)

③ m___ (쓰다듬다)

④ hǎo d___ (좋다)

⑤ ch___ (차)

※ 배운 발음에 특별히 주의하고 안 배운 발음은 녹음을 따라 읽으세요.

Nǐ hǎo !　　　　안녕하세요!

Nǐ hǎo ma?　　　안녕하세요! (※ 아는 사이에 안부를 묻는 의미도 포함)

Zàijiàn !　　　　안녕! 또 만나요!

제2강 중국어 4성

◎ 기존 중국어 성조 교육의 문제점

- '음의 높낮이'에 대한 막연한 설명

성조가 음의 높낮이를 가리키는 것은 부정할 수 없는 사실이지만, 이를
어떻게 지도할지는 매우 난감하다. 일부에서는 도레미파솔(혹은 12345)
로 음의 높낮이를 표시해주고 이것을 바탕으로 가령 1성은 솔솔(혹은
55), 3성은 레도파(혹은 214) 식으로 지도하기도 하지만 정확한 성조
지도를 기대하기 어렵다.

- 한어병음 성조 표기의 모순(특히 3성)

한어병음에서는 성조가 주요모음 위에 표시된다. 그러나 3성의 경우
지나치게 가파른 모양(∨)을 취하여, 이를 소리로 나타낼 때 학생들이
제대로 된 성조를 구현해내지 못하는 경우가 많다.

- 성조에 따른 고개의 지나친 움직임

외국인들이 중국어를 배울 때 소리보다 문자(병음)의 형상에 집착하여
성조에 따라 고개를 심하게 움직이는 현상을 자주 목격한다. 물론 성
조에 따라 고개를 살짝 움직이는 것은 무방하나, 그것이 지나쳐서 오히
려 제대로 된 소리를 못 내는 상황이 생길 수도 있다. 특히 3성은 고개
를 지나치게 숙이면 소리 자체가 나지 않는다.

◎ 신개념 중국어 성조 교육

◇ 핵심포인트 : 성대의 적극적 활용!

- 실제로 사람마다 음의 높낮이가 상대적이고 지역에 따라서도 절대치가 다소 다르게 나타난다.
- 그러나 중국어 4성을 제대로 내는 방식은 일정한데, 그 비결은 바로 사람의 성대를 어떻게 활용하는가에 있다.
- 중국어 성조를 배우는 순서는 1 → 4 → 3 → 2성 순이 비교적 효과적이다.

Part1 원리 이해

1. 제1성

'입문'편에서 미리 살펴본 제1성을 좀 더 제대로 익혀보자.

① 발음 원리
- 통상적으로 음높이는 변화 없이 5도(고음)를 유지한다.
- 5도는 절댓값이 있는 것이 아니라 사람마다 차이가 난다.
- 너무 지나치지 않을 정도로 자신이 낼 수 있는 가장 높은 음을 일정 시간 동안 유지한다.
- 폐에서 계속 공기를 공급하면서 성대를 울린다.

② 주의사항
- 처음부터 끝까지 같은 음높이를 유지해야 한다.
- 절대로 중간이나 끝에서 소리가 떨어져서는 안 된다.

- 중국어를 곧잘 하는 사람들이라도 1성이 끝부분에서 떨어지는 경우가 흔히 발생한다.

③ 연습방법
- 다소 과장스러울지라도 폐에서 숨이 더 이상 나오지 않을 때까지, 같은 압력으로 성대를 긴장시키면서 10초든 20초든 높은 음을 유지해본다.
- 자신감이 생기면 위 발음을 단축시킨다.

④ 듣고 따라 읽기 🔊 2-1

성모＼운모	a	e	o
없음	ā	ē	ō
m	mā	X	mō
b	bā	X	bō
n	nā	X	X
d	dā	dē	X
g	gā	gē	X

2. 제4성

① 발음 원리
- 음높이는 5도(고음)에서 1도(저음)로 변한다.
- 1도는 자신이 편하게 낼 수 있는 '가장 낮은 음'이다.
- 1성과는 달리 발성과 동시에 폐에서의 공기 공급을 중단한다.
- 성대 윗부분으로 공급된 공기가 '쭉' 빠져 나가면 성대가 끓는 듯이 떨리는 소리가 나게 된다. 그 소리가 바로 4성의 마지막 부분에 들리는 '가장 낮은 음'이다.

② 주의사항

- 소리를 내지르거나 스타카토 방식으로 4성을 내는 사람이 많다.
- 중국인들은 큰 소리로 대화하거나 작은 소리로 속삭이더라도 위 발음 원리에 맞게 4성을 낸다. ex) 我爱你！

③ 연습방법

- 먼저 1성을 내본다.
- 폐에서의 공기 공급을 중단하고 성대 위의 공기를 다 내뱉는다는 기분으로 소리를 길게 뽑아본다.
- 마지막으로 '낮은 음'이 들리는지 확인한다.
- 4성은 가급적 길게 발음하는 것이 좋다.[8]

④ 듣고 따라 읽기 🔊 2-2

성모 \ 운모	a	e	o
없음	à	è	ò
m	mà	X	mò
b	bà	X	bò
n	nà	nè	X
d	dà	X	X
g	gà	gè	X

---

8) 일부 교재에서는 4성을 발음할 때 소리를 급격하게 내지는 가능한 빨리 떨어뜨려야 한다고 강조한다. 이러한 설명이 본서의 설명과 상호 모순된 것처럼 비춰질 수도 있겠다. 그러나 '급격하게' 혹은 '빨리'는 '급하게'나 '짧게'를 의미하는 것이 아니다. 반대로 본서에서 '길게' 발음하라고 하는 것이 '느리게' 발음하라는 의미는 결코 아니다. 보다 엄밀하게 말해서 4성의 발음 경로를 가급적 '길게' 만든 다음 그 하강하는 속도를 매우 빠르게 한다면, 가장 이상적인 발음을 얻어낼 수 있을 것이다. 학생들이 '급격하게' 혹은 '빨리'라는 말을 오해해서 제대로 된 '하강조(下降調)'를 만들어내지 못하는 것을 보고, 본서에서는 그것보다는 '길게'라는 측면을 강조하게 된 것임을 밝힌다.

3. 제3성

① 발음 원리

- 일반적으로 3성의 음높이 변화는 2도(중저음)-1도(저음)-4도(중고음)로 나타낸다.
- 1도(저음)는 사실상 4성의 마지막 부분에 들리는 '가장 낮은 음'처럼 성대가 끊는 듯이 떨리는 소리를 가리킨다.
- 이 떨리는 소리가 3성의 핵심이고 이 부분의 길이가 상대적으로 가장 길다.

② 주의사항

- 제3성의 성조표기(∨)를 의식한 나머지 '낮은 음'을 지나치게 짧게 발음해서는 안 된다.
- 성조표기의 영향으로 턱을 아래로 움직이면 '낮은 음'이 제대로 나지 않는다.
- 처음 시작하는 소리(2도)를 지나치게 의식한 나머지, 그 소리가 너무 높아 전체 발음이 마치 제4성처럼 되는 경우도 있다.

③ 연습방법

- 처음 시작하는 부분은 의식하지 말고 성대를 눌러준다는 기분으로 '낮은 음'을 가급적 길게 끌어본다. 처음 시작하는 2도의 소리는 이 과정에서 자연스럽게 나게 된다.
- 그런 다음 성대의 긴장을 풀면 눌렸던 소리가 튀어 오르듯이 4도까지 올라가게 되는데, 이렇게 하여 제3성의 발음이 완성된다.
- 연습 시 (2)-1-1(최대한 길게 끌기)-1-4처럼 해보면 좋은 3성을 가질 수 있다.
- 실제 회화에서는 온전한 제3성보다는 전반3성으로 발음되는 경우가 많다. 전반3성은 끝부분을 올리는 것을 생략하고 '낮은 음'만 내면 된다.

④ 듣고 따라 읽기 ◀》 2-3

성모 \ 운모	a	e	o
없음	ǎ	ě	ǒ
m	mǎ	X	mǒ
b	bǎ	X	bǒ
n	nǎ	X	X
d	dǎ	dě	X
g	gǎ	gě	X

4. 제2성

① 발음 원리

- 음높이는 3도(중간음)에서 5도(고음)로 변한다.
- 소리를 끌어올리는 속도가 빨라야 한다.

② 주의사항

- 소리를 끌어올리는 속도가 지나치게 느릴 경우 3성처럼 들릴 수 있다.
- 한국인들은 2성을 낼 때 5도(고음)를 제대로 내지 않고 중간에서 멈추는 경향이 있다.
- 어떤 이들은 2성을 내면서 턱을 위로 심하게 들어올리기도 한다.

③ 연습방법

- 연습 시에는 '3도→5도'보다는 '2도→5도'를 권한다.
- 상대적으로 가장 내기 편한 2도(중저음)에서 고음인 5도로 '쭉' 올리는 연습을 많이 해야 한다.
- 단운모 'a'를 가지고 연습한다고 가정해보면, 먼저 긴장을 풀고 편하

게 [A]음을 살짝 낸 다음, 그 상태에서 소리를 끊지 말고 성대를 더욱 긴장시키며 '제1성'으로 자연스럽게 이어지도록 만들어본다. 그러면 아래 그림과 같이 발음된다.

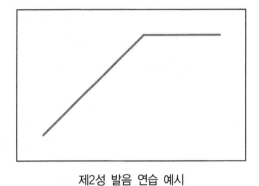

제2성 발음 연습 예시

- 허밍[humming]을 통해서 위 과정을 반복해보는 것도 좋은 방법이다.
- 끝부분에서 '1성'처럼 내던 소리를 차츰 줄여나가 살짝만 나게끔 만들면 좋은 2성을 낼 수 있다.

④ 듣고 따라 읽기 🔊 2-4

성모＼운모	a	e	o
없음	á	é	ó
m	má	X	mó
b	bá	X	bó
n	ná	né	X
d	dá	dé	X
g	gá	gé	X

성조	음높이	그림 예시	핵심 비법
1	5 → 5	5도 / 4도 / 3도 / 2도 / 1도	· 폐에서 공기를 계속 공급하고 시작부터 끝까지 성대에 동일한 압력을 준다. · 처음 잡은 높은 음을 마지막까지 유지한다.
4	5 → 1	5도 / 4도 / 3도 / 2도 / 1도	· 발성과 동시에 폐에서의 공기 공급을 중단한다. · 1성의 음높이에서 발음을 시작하여 '성대 위의 공기를 다 내뱉는다'는 기분으로 소리를 길게 뽑아본다. · 성대가 끊는 듯이 떨리는 소리('낮은 음')를 확인한다.
3	2→1→4	5도 / 4도 / 3도 / 2도 / 1도	· 처음 시작하는 부분은 의식하지 말고(자연스럽게 나게 됨) 성대를 눌러준다는 기분으로 4성에서 연습한 '낮은 음'을 가급적 길게 끌어본다. · 성대의 긴장을 풀면 눌렸던 소리가 튀어오르듯이 4도까지 올라가게 된다.
2	3→5	5도 / 4도 / 3도 / 2도 / 1도	· 편하게 발성을 시작하면 대략 2도 내지는 3도의 소리가 나게 된다. · 그 상태에서 소리를 끊지 말고 성대를 더욱 긴장시키면서 1성의 음높이까지 소리를 올린다. · 2성에서 1성으로 이어지는 발성 연습을 많이 한 다음, 1성 부분의 길이를 점차 줄여서 5도의 소리가 살짝만 나게 한다.

· '일사천리 성조 연습법'이란?

　　실제로는 **중국어 성조를 넣어서 우리말 '일사삼이'를 발음하는 것에 지나지 않는다.** 다만 이 연습법을 적용해서 성조 연습이 '일사천리'로 진행될 것을 기대하면서 이렇게 이름을 붙였다.

· **연습 방법**

　　방법은 의외로 간단하다. 위에서 제시한 비법을 참조하여, 먼저 제1성으로 '일'이라고 발음한 다음, 제4성으로 '사'를 길게 발음하며 '**성대 끊는 듯한 소리**'까지 낸다. 이어서 제3성(실질적으로 반3성)으로 '삼'을 역시 '**성대 끊는 듯한 소리**'로 길게 냈다가, '이' 발음을 이어 붙이면서 제1성의 높이까지 '쭉' 올리는 것이다. 그리고 다시 '일'을 제1성으로 발음하면서 원하는 만큼 반복해서 연습하도록 한다. ex) 일 → 사 → 삼 → 이 → 일 → 사 → 삼 → 이……

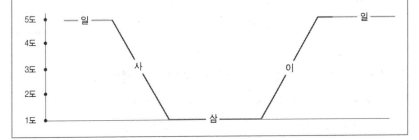

Part3 연습

1. 큰소리로 따라 읽으며 성조를 구분해보세요. 🔊 2-5

ā - á - ǎ - à　　　　　ē - é - ě - è　　　　　ō - ó - ǒ - ò

mā - má - mǎ - mà　gē - gé - gě - gè　bō - bó - bǒ - bò

nā - ná - nǎ - nà

2. 발음을 듣고 큰소리로 따라 읽으세요.

※ 배운 발음에는 특별히 주의하고 안 배운 발음은 녹음을 따라 읽으세요.

① 1성과 4성 🔊 2-6

1성	4성	1성	4성	1성	4성
ā	à	pō	pò	fā	fà
tā	tà	lē	lè	gē	gè
hē	hè	zī	zì	chā	chà

② 3성과 2성 🔊 2-7

3성	2성	3성	2성	3성	2성
ě	é	bǎ	bá	mǎ	má
dǎ	dá	nǎ	ná	kě	ké
cǐ	cí	shǐ	shí	zhě	zhé

3. 다음 녹음을 듣고 음절 속의 성조를 맞춰보세요. 🔊 2-8

① bobo (백부, 큰아버지)　　② baba (아빠)

③ ke (목 마르다)　　④ he (마시다)

⑤ shi (~이다)

Part4 생활 회화　　🔊 2-9

※ 배운 발음에 특별히 주의하고 안 배운 발음은 녹음을 따라 읽으세요.

Xièxie !　　　　　　　　감사합니다!

Bú kèqi !　　　　　　　별 말씀을요!

(※ Bú xiè! 라고도 한다)

Duìbuqǐ !   죄송합니다.

Méi guānxi !   괜찮아요.

Chapter 2

단운모Ⅱ, 경성, 쌍순음

제3강 단운모 Ⅱ (i, u, ü)

1. 단운모 'i'

① 발음 원리

- [i]: 혀의 앞에서 소리가 나고 입은 거의 벌리지 않는다. 입술은 둥근 모양이 아니라 평평해야 한다.[1]

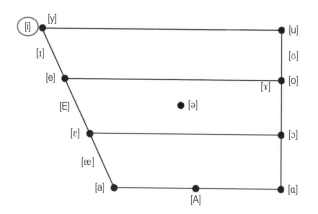

② 주의사항

- 원리에 입각하면 우리말 '이'와 크게 다르지 않다. 그러나 중국어 'i'

---

1) '舌面前高不圓脣元音'. 즉 혓바닥(舌面)의 앞부분(前)을 입안 높은 위치(高)로 올리고 입술을 둥글게 하지 않은 채(不圓脣) 발음하는 모음(元音)이다.

를 발음할 때에는 좀 더 분명하게 발음해야 한다.
- 우선 우리말 '이모'를 발음해보자. 그러면 입꼬리에 긴장을 주지 않아
  도 얼마든지 발음할 수 있음을 알게 된다.
- 하지만 중국어 'i'를 발음할 때는 그렇게 느슨하게 해서는 안 된다.
- 영어 단어 machine의 'i [i:]'와 유사하고 it의 'i [ɪ]'처럼 발음하면 안
  된다.

③ 연습방법
- 입을 거의 벌리지 않는 상태에서 발음한다.
- **혀끝을 아랫니 뒤에 갖다 댄 후2) 입꼬리에 힘을 주고 입술을 평평하게 한다.**
- 그 상태에서 '이' 발음을 내면 중국어 'i'를 제대로 낼 수 있다.

④ 듣고 따라 읽기 ◀》 3-1

　　ī(yī)　　　mí　　bǐ　　nì　　dī　　　　cf) gi(X)

※ 한어병음 표기법상 성모 없이 단독으로 발음될 때는 i 앞에 y를 붙여준다.

2. 단운모 'u'

① 발음 원리
- [u] : 혀의 뒤에서 소리가 난다. 모음사각도에서 똑같은 고모음이라고
  해서 'i'처럼 입을 닫지는 않는다. 대신 혀뿌리를 높게 들어 올려야
  한다. 원순모음이므로 입술은 둥근 모양을 취해야 한다.3)

---

2) '아랫니 뒤'가 바로 전설모음을 발음할 때의 혀끝 위치이다.
3) '舌面後高圓脣元音'. 즉 혓바닥(舌面) 뒷부분(後)을 입안 높은 위치(高)로 올린 후
　입술을 둥글게 하고(圓脣) 발음하는 모음(元音)이다.

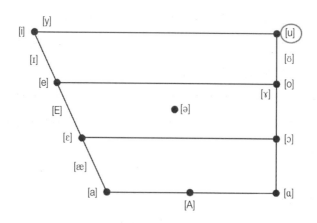

② 주의사항

- 한국인들은 'u'를 우리말 '우'로 착각하기 쉽다. 중국어의 'u'는 한국어 '우'와 발음하는 방식이 약간 다르다.

- 우선 '우주'를 발음해보자. 그러면 '우'와 '주'의 주요모음인 'ㅜ'를 발음할 때 위아래 어금니가 아예 붙거나 아주 살짝 떨어진다는 사실을 알 수 있다. 또한 혀끝은 아래 잇몸 부근에 머무는 경우가 많다.

- 하지만 중국어 'u'를 발음할 때는 어금니가 반드시 떨어져 있어야 한다. 그리고 혀끝은 아래 잇몸보다 더 뒤로 이동하게 된다.

- 우리말 '우'에 비해 혀뿌리를 좀 더 높여서 발음한다고 생각하는 것이 좋다.

③ 연습방법

- 먼저 우리말 '오'를 먼저 발음해 본다.

- 그 상태에서 혀끝을 혀 밑 말랑말랑한 부분4)에 댄 다음 혀뿌리를 올린다.

- 마지막으로 성대를 진동시켜 소리를 내보면 '우'와 비슷하지만 실질

---

4) '혀 밑 말랑말랑한 부분'이 바로 후설모음의 혀끝 위치이다.

적으로 다른 소리가 나는데 이것이 바로 중국어 운모 'u'이다.

④ 듣고 따라 읽기 🔊 3-2

ū(wū)　　mù　　bú　　nǔ　　dū　　gǔ

※ 한어병음 표기법상 성모 없이 단독으로 발음될 때는 u 앞에 w를 붙여준다.

3. 단운모 'ü'

① 발음 원리

- [y] : 고모음(高母音)인 점은 [i], [u]와 같지만, [i]와는 달리 원순모음이고 [u]와는 달리 혀의 앞에서 소리가 난다.5)

- 입술을 모아 아주 좁은 구멍을 만들어줘야 하고, 입술의 긴장을 끝까지 유지하여 소리가 변하지 않도록 유의해야 한다.

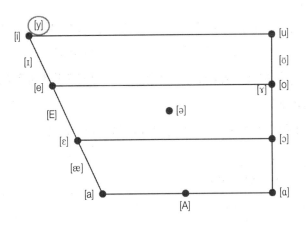

---

5) '舌面前高圓脣元音'. 즉 혓바닥(舌面)의 앞부분(前)을 입안 높은 위치(高)로 올리고 입술을 둥글게 한 채(圓脣) 발음하는 모음(元音)이다.

② 주의사항

- 한국인들은 'ü'를 '위'로 발음하기 쉽다.

- 일부 한국어 단모음 '위'의 발음(ex. 오줌 뉘는 소리 '쉬'의 모음)은 'ü'와 유사하다. 그러나 한국인들은 일반적으로 '위'를 발음할 때 입술의 긴장을 바로 풀어버리는 경향이 있기 때문에, 중국어의 'ü'를 '위'로 발음해서는 곤란하다.

- 일부 중국인들은 입술을 모으기는 하나 여전히 평평하다는 느낌을 주기도 한다. 그러나 중국어 발음에 익숙하지 않은 외국인 학습자들이 이렇게 발음하다 보면 자칫 불분명한 소리를 낼 수도 있기 때문에 추천하지 않는다. 학습 단계에서는 의도적으로라도 입을 가급적 많이 모으는 것이 바람직하다.

③ 연습방법

- 우리말 '위'의 경우 일반적으로 입술이 원순에서 평순으로 바뀌지만, 'ü'는 그 반대라고 생각하면 연습에 도움이 된다.

- 먼저 [i]를 발음한 다음 입술을 안쪽으로 최대한 모으면서 아주 작은 구멍을 만들어준다.

- 그 상태에서 성대를 울려 발성하면 'ü' 소리가 난다.

④ 듣고 따라 읽기 🔊 3-3

ü(yū)   nǚ

cf) mü(X), bü(X), dü(X), gü(X)

※ 한어병음 표기법상 성모 없이 단독으로 발음될 때는 ü를 yu로 표기한다. ü와 결합하는 성모는 n 이외에는 앞으로 배울 l, j, q, x 네 가지밖에 없다.

　　본 단원에서 살펴본 세 가지 단모음(i, u, ü)은 앞으로 배울 이중모음운모, 삼중모음운모, 대비음운모의 구성요소로서 다시 나오게 된다. 고모음(高母音)에 해당하는 이들 세 단모음은 다른 운모 혹은 비음운미와 결합하여 발음됨에 있어서 극히 일부 예외(예컨대 '-iong')를 제외하면 다음과 같은 매우 규칙적인 특징을 드러낸다.

　　첫째, 한 음절에서 모음으로 처음 등장할 때는 주요모음인지 여부에 상관없이 **정확하게 발음된다.** 다시 말해 다른 주요모음이 있음으로 인해 비록 짧게 발음해야 하는 상황이더라도 이들 세 모음의 발음은 정확하게 이뤄져야 한다.

　　둘째, 위의 경우와는 달리 **다른 모음 뒤에 나타날 때는 제 소리를 유지하지 못하고 상대적으로 이완된 소리로 바뀐다.** 즉 [i]는 [ɪ]로 [u]는 [ʊ]로 바뀌게 된다. 'ü'([y])는 다른 모음 뒤에 나타나지 않는다. ([ɪ], [ʊ]의 구체적인 발음법은 해당 단원에서 설명할 것이므로 여기서는 생략한다)

　　이 두 가지 규칙을 이해하고 충분한 연습을 통해 익히게 되면, 한국인들이 흔히 범하는 발음상의 오류를 미연에 방지할 수 있고 보다 자연스럽게 중국인들의 발음에 가까워지게 될 것이다.

Part2 **핵심 비법 정리**

1. 'i'

IPA	입모양(앞)	입모양(측면)		핵심 비법
	평순	혀끝	아랫니 뒤	
[i]				입꼬리 힘, 입술 평평 ↓ 우리말 '이'

2. 'u'

IPA	입모양(앞)	입모양(측면)		핵심 비법
	원순	혀끝	혀 밑 말랑말랑 부분	'ㅗ'의 입모양 ↓ 우리말 'ㅜ'
[u]				

3. 'ü'

IPA	입모양(앞)	측면도(측면)		핵심 비법
	원순	혀끝	아랫니 뒤	'i'의 입 높이에서 입술을 안쪽으로 최대한 모으며 ↓ 우리말 '위' ☆ 입술 모양 끝까지 유지
[y]				

Part3 연습

1. 큰소리로 따라 읽으며 소리를 분별해보세요. ◀)) 3-4

ī / ū / ǚ	bī / bū	mì / mù
nǐ / nǔ / nǚ	dí / dú	

2. 발음을 듣고 큰소리로 따라 읽으세요.

※ 배운 운모에 특별히 주의하고 안 배운 발음은 녹음을 따라 읽으세요.

① i([i]) ◀》 3-5

yī	yí	yǐ	yì
bí	mǐ	tì	nī
lì	jī	qí	xǐ

② u([u]) ◀》 3-6

wū	wú	wǔ	wù
pū	fú	dǔ	lù
gǔ	hū	zú	rù

③ ü([y]) ◀》 3-7

yū	yú	yǔ	yù
nǚ	lú	qū	xù

※ 성모 j, q, x가 'ü'와 결합하면 위의 점 두 개를 떼고 ju, qu, xu로 표기한다.

3. 다음 녹음을 듣고 음절 속에 포함된 운모를 적어보세요. ◀》 3-8

(※ 성조는 무시해도 좋음)

① ___   ② k___   ③ q___

④ d__d__   ⑤ d__sh__   ⑥ n__x__

※ 배운 발음에 특별히 주의하고 안 배운 발음은 녹음을 따라 읽으세요.

Nǐ qù bú qù?   너 (거기) 가니?
Wǒ bú qù.   난 안 가.

Míngtiān nǐ lái ma?   내일 오십니까?
Bù lái.   안 옵니다.

제4강 경성, 쌍순음(b, p, m)

Part1 원리 이해

1. 경성(輕聲)

① 발음 원리

- '경성'은 한자 뜻 그대로 '가벼운 소리'로, 원래 성조를 잃고 가볍고 짧게 발음되는 소리를 가리킨다.

- 경성은 고정된 음높이가 존재하지 않는다. 통상적으로 그 앞에 성조가 있는 음절이 나타나며, 그 음높이는 앞 성조의 영향을 전적으로 받는다.

- 바꾸어 말하면, 앞 성조를 제대로 내면 경성의 음높이는 거기에 따라 자연스럽게 결정된다.

- 일반적으로 1성(5도) 뒤에서는 2도, 2성(3→5) 뒤에서는 3도, 3성 (2-1-4) 뒤에서는 4도, 4성(5→1) 뒤에서는 1도로 발음한다고 하지만, 크게 신경 쓸 필요는 없다.

김샘의 발음 Talk

일부 중국인들은 2성(3→5) 뒤에 경성이 나올 때, 2성을 약 4도까지만 올린 다음 경성 역시 4도 정도로 내기도 한다. 이렇게 발음하는 경우가 적지 않기 때문에 완전히 틀린 발음으로 간주할 수는 없을 것이다. 그러나 이러한 발음을 모방하다가 보면 2성을 제대로 구현하는 습관을 들이지 못할 우려가 있기 때문에 초보 학습자들에게는 권하지 않는다.

한편 위에서 말한 경성의 대략적인 음높이는 경성이 어절(語節) 끝에 올 때를 기준으로 설명한 것이다. 그런데 어절 끝이 아닌 가운데에 경성이 끼게 될 경우 간혹 다른 음높이가 나타나기도 하는데, 일부학자들은 이런 현상을 두고 '앞 음절보다는 뒤 음절 성조의 시작점 높이와 조화를 이루는 경향이 있다'고 설명하기도 한다. 가령 shéi de shū나 xué le yì nián의 de와 le는 뒤의 1성과 4성의 영향으로 5도로 발음되기도 한다.6) 이는 물론 의무사항은 아니며 다른 경우에서와 마찬가지로 통상적인 음높이인 3도로 발음해도 여전히 무방하다.

② 주의사항
- 앞 성조를 제대로 내지 않을 경우 경성의 음높이도 정확하지 않게 된다.
- 경성은 의미를 구분해주는 중요한 변별요소이기 때문에 소홀히 해서는 안 된다.

③ 연습방법
- 일부러 다소 과장되게 앞 성조를 길고 뚜렷하게 발음한다.
- 그 다음 긴장을 풀고 가볍고 짧게 경성의 발음을 갖다 붙인다.
- 경성을 발음할 때 주요모음 개구도에 약간의 변화가 생기게 된다. 이것 역시 자연스럽게 결정되기 때문에 크게 신경 쓰지 않아도 된다.

④ 듣고 따라 읽기 🔊 4-1
　　1성 + 경성　　māma
　　4성 + 경성　　bàba
　　3성 + 경성　　nǐ de
　　2성 + 경성　　yí ge

---

6) 박종한 등,《중국어의 비밀》, 411쪽 참조.

2. 쌍순음(雙脣音) ‘b’

‘입문’편에서 미리 살펴본 쌍순음 ‘b’를 본격적으로 익혀보자.

① 발음 원리
- [p][7] : 위아래 입술이 만나 소리가 만들어지고, 파열음(破裂音)이자 불송기음(不送氣音)이다.[8]
- 위아래 입술을 붙여 입안의 공기를 막았다가 갑자기 입술을 떨어뜨리면서 발성한다. 공기를 강하게 내뿜지는 말아야 한다.

② 주의사항
- 한국인들은 ‘b’를 막연히 우리말 ‘ㅂ’음과 같다고 생각하기 쉽다.
- 이론적으로는 한국어 초성의 ‘ㅂ’음 역시 [p]로 발음되기 때문에 비슷한 소리일 수 있지만, 실제로 중국어 성모 ‘b’는 그보다 좀 더 ‘진하게’ 발음되어 우리말의 ‘ㅃ’과 비슷하게 소리 나는 경향이 있다.
- 일부 교재에서는 1, 4성에서는 ‘ㅃ’, 2, 3성에서는 ‘ㅂ’으로 발음된다고 설명하기도 한다. 그러나 2, 3성에서는 성조의 영향으로 자연스럽게 소리가 약화되는 것일 뿐이므로 일부러 ‘ㅂ’처럼 발음해서는 안 된다. 또한 ‘ㅂ’으로 내는 것으로 지도할 경우, 학생들이 자칫 현대중국어 첫 음절에는 등장하지 않는 유성자음 [b]로 발음할 우려도 있기 때문에 결코 유익한 설명이라고 할 수 없다.

---

7) IPA [p]는 한어병음 ‘p’와는 무관하다. 대략 영어 단어 spot, spike 속의 ‘p([p])’음과 유사하다. 참고로 우리말 초성(初聲)에 등장하는 ‘ㅂ’도 IPA로는 [p]로 표기한다. 과거 부산을 ‘Pusan’이라고 표기한 것도 이와 관련이 있다.

8) ‘파열음’은 중국어로 ‘塞音(막는 소리)’ 혹은 ‘爆破音(폭파하듯 터져나오는 소리)’이라고 한다. ‘불송기음’은 공기를 내뿜지 않는 자음을 가리킨다. 실제로 전혀 공기가 나오지 않는 것은 아니나 ‘거센소리(격음)’처럼 크게 공기가 뿜겨져 나오지는 않는다.

- 원리에 입각하여 공기를 확실히 막았다가 제대로 파열시키는 방식으로 발음하도록 신경 쓴다.
- 여러 음절의 단어에서, 앞 음절 모음 혹은 비음 운미(-n, -ng)의 영향으로 간혹 유성자음 [b]에 가깝게 발음되기도 한다. 이런 음운변화 현상은 비교적 자연스럽게 이루어지기 때문에, 일부러 유성자음 [b]를 내려고 하지 않기를 권한다.

  ex) nánběi 남과 북

③ 연습방법
- 먼저 우리말 '읍'을 연상한 다음, 순식간에 막았던 공기를 파열시키면 (붙었던 두 입술을 뗌) 우리말 'ㅃ'에 가까운 소리가 나는 것을 확인할 수 있다.
- 성모 학습 단계에서 'b'는 'bō'라고 읽는다.

④ 듣고 따라 읽기 ◀) 4-2

  bō   bá   bǐ   bù
  cf) be(X), bü(X)

3. 쌍순음 'p'
① 발음 원리
- [p'] : 'b'와 발음 위치와 파열음이라는 속성이 같다. 다만 '송기음(送氣音)'이라는 점이 'b'와 다르다.[9]
- 따라서 'b'와는 달리 공기를 강하게 내뿜어야 한다.

---

9) '송기음'은 '불송기음'과 반대로 공기를 크게 내뿜어야 하는 소리이다. 우리말 '거센 소리(격음)'에 해당한다.

② 주의사항

- 'p'는 한국어 'ㅍ'음과 유사하다.
- 다만 송기가 부족해서 'b'로 발음되지 않도록 주의하자.

③ 연습방법

- 먼저 '읖'[10]을 발음하는 것을 떠올리며 입안의 공기를 확실히 막는다.
- 막았던 공기를 순식간에 파열시키면서 'ㅍ'음을 낸다.
- 성모 학습 단계에서 'p'는 'pō'라고 읽는다.

④ 듣고 따라 읽기 🔊 4-3

    pō   pá   pǐ   pù

    cf) pe(X), pü(X)

4. 쌍순음 'm'

'입문'편에서 미리 연습해본 쌍순음 'm'을 본격적으로 익혀보자.

① 발음 원리

- [m] : 위아래 입술이 만나 소리가 나는 점은 'b', 'p'와 같다. 그러나 'm'은 파열음이 아니고 '비음(鼻音)'에 속한다.
- 비음의 발음 원리는 구강(口腔 : 입안)의 소리(혹은 공기) 통로를 막은 상태에서 연구개(軟口蓋 : 물렁입천장)를 내려 소리가 비강(鼻腔 : 코안)으로 흐르게 하는 것이다.
- 현대 중국어 성모 가운데에는 구강의 통로를 막는 위치에 따라 [m]

---

10) 실제로는 '읍'과 차이가 없다. 우리말 'ㅍ'에 대응하는 발음이고 '송기'를 미리 준비시켜야 하기 때문에 '읖'을 선택한 것이다.

(양 입술), [n](혀끝과 윗잇몸), [ŋ](혀뿌리와 연구개)과 같은 3종의 비음이 존재한다.

② 주의사항
- 'm'은 한국어 'ㅁ'음과 유사하다.
- 다만 비음이 좀 더 제대로 날 수 있도록 신경을 써야 한다.

③ 연습방법
- 먼저 우리말 '음'을 발음하는 것을 떠올리며 입안의 공기를 양 입술로 확실히 막는다.
- 그 상태에서 성대를 진동시키고 소리가 코 방향으로 흐르도록 유도하면서 우리말 'ㅁ'음을 낸다.
- 성모 학습 단계에서 'm'은 'ㆁ'와 결합하여 읽는다.

④ 듣고 따라 읽기 🔊 4-4
　　mō　　　má　　　mǐ　　　mù
　　cf) me, mü(X)

Part2 핵심 비법 정리

1. 경성

요령	그림	
앞 음절 성조 정확하고 분명하게(3성은 반3성으로) ↓ 긴장 '탁' 풀고 가볍고 짧게 발음	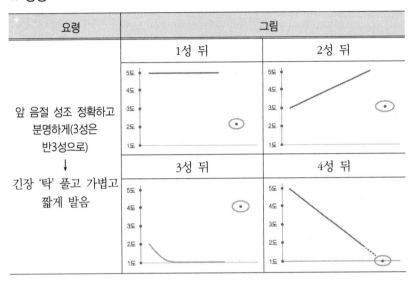	

2. 'b'와 'p'

IPA	위치	성격	측면도	핵심 비법
[p] [pʰ]	위아래 입술	파열음 / 공기 막았다 터뜨림		'읍' 발음 연상 → 파열 ≒ 우리말 'ㅃ' : 'b' '윺' 발음 연상 → 우리말 'ㅍ' : 'p'

3. 'm'

IPA	위치	성격	측면도	핵심 비법
[m]	위아래 입술	비음		'음' 발음 연상 ↓ 우리말 'ㅁ'
		공기가 입이 아닌 코로 나옴		

---

1. 큰소리로 따라 읽으며 소리를 분별해보세요.

① 경성 ◀》 4-5

yīfu   máfan   xǐhuan   kùzi

② 쌍순음 ◀》 4-6

b / p / m

bā / pā / mā

bī / pī / mī

bū / pū

2. 발음을 듣고 큰소리로 따라 읽으세요.

※ 배운 발음에 특별히 주의하고 안 배운 발음은 녹음을 따라 읽으세요.

① 경성 🔊 4-7

māma	yéye	jiějie	bàba
gēge	míngzi	nǎinai	xièxie
dōngxi	juéde	yǐzi	mèimei

② b([p]) 🔊 4-8

bō	bá	bì	bǔ
bào	běi	bié	biāo
bàn	biān	béng	bǐng

③ p([pʻ]) 🔊 4-9

pō	pà	pǐ	pù
pái	pēi	pǒu	piě
pǐn	pēn	pàng	píng

④ m([m]) 🔊 4-10

mō	mǎ	mí	mù
me	mǎi	móu	miù
mēn	miàn	mǎng	míng

3. 다음 녹음을 듣고 음절 속에 포함된 성모를 적어보세요. 🔊 4-11

① ___ù   ② ___à   ③ ___ǐ

④ ___íng   ⑤ ___īn   ⑥ ___ēn

※ 배운 발음에 특별히 주의하고 안 배운 발음은 녹음을 따라 읽으세요.

Nǐ jiào shénme míngzi?	성함이 어떻게 되세요?
Wǒ jiào Piáo Bǎojiàn.	'박보검'이라고 합니다.

Nín guì xìng?[11]	성씨가 어떻게 되시죠?
Wǒ xìng Fàn, jiào Fàn Bīngbīng.	제 성은 판이구요, 이름은 '판빙빙'라고 해요.

Rènshi nǐ, hěn gāoxìng.	이렇게 만나 뵙게 되어(알게 되어) 기쁩니다.
Rènshi nǐ, wǒ yě hěn gāoxìng.	저도요.

---

11) "Nín guì xìng?"은 일반적으로 성만 묻는 표현이 아니라 상대방의 이름 전체를 묻는 표현이다. "Nǐ jiào shénme míngzi?"보다는 좀 더 격식 있는 표현이라고 생각하면 된다.

Chapter 3

이중모음운모 I , 성조변화 I (3성), 순치음

제5강 이중모음운모 I (ai, ao, ei, ou)

중국어에서 단모음 2개가 결합하여 발음되는 이중모음운모는 총 9개로 ai, ao, ei, ou, ia, ie, ua, uo, üe가 있다. 이번 강좌에서는 그 가운데 주요모음 뒤에 운미가 붙는 형태인 ai, ao, ei, ou를 먼저 살펴보기로 한다. 이들은 앞에 나오는 주요모음이 상대적으로 뚜렷하고 길게 발음되는 반면, 뒤에 나오는 모음의 발음은 '약화'되어 사실상 거의 하나의 모음처럼 인식되는 특징을 가진다.[1]

Part1 원리 이해

1. 이중모음운모 'ai'

① 발음 원리

- [aɪ] : 'a'와 'i'가 결합하면서, 주요모음 'a'는 중설의 [A]에서 전설의 [a] 방향으로 발음 위치가 이동한다. 이는 전설모음 'i'의 영향을 받기 때문이다.
- 'i' 역시 입을 크게 벌리는 저모음 'a'의 영향을 받고 또한 운미이기 때문에 발음이 '약화'된다. 따라서 [i]로 소리가 나지 않고 [ɪ]로 혀의 높이가 살짝 낮아진다.

---

[1] 일부 교재에서는 이 4개의 운모를 '복운모(複韻母)'라고 부르고 나머지 '이중운모(二重韻母)'와 구분하기도 한다. (허성도,《쉽게 배우는 중국어 입문》, 서울 : 사람과 책, 2007, 13쪽)

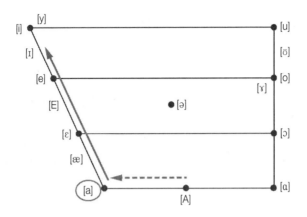

② 주의사항

- 'ɑ'가 주요모음이고 'i'는 곁다리로 붙는 운미임을 명심하자.
- 'ɑi'의 'ɑ'가 전설모음화 된다고 해서 입을 작게 벌려서는 안 된다.
- 운미 'i'음을 절대로 뚜렷하고 강하게 발음해서는 안 된다. 특히 우리
  말 '아이'처럼 발음해서는 곤란하다.

③ 연습방법

- 전설모음 [a]를 발음하기 위해서 혀끝을 아랫니 뒤에 댄 다음 가급적
  입을 크게 벌리고 '아' 발음을 길게 낸다. 주요모음이므로 소리를 보
  다 분명하게 내야 한다.
- 소리를 끊지 말고 입의 긴장을 이완시키며 [ɪ] 소리를 살짝 갖다 붙인
  다. [ɪ]는 우리말 '에'를 발음하는 입모양을 하면서 '이'를 발음하는 소
  리에 가깝다.
- 입을 가급적 크게 벌리고 우리말 '아'를 길고 분명하게 낸 다음, 긴장을 풀면
  서 우리말 '에'를 내어도 무방하다. 이는 입을 다무는 관성의 작용으로
  [ɪ]음이 나기 때문이다.

- [a] - [a] - [ɪ]와 같은 느낌을 살려본다.

④ 듣고 따라 읽기 🔊 5-1

　　āi　　mài　　bǎi　　nǎi　　dài　　gāi

2. 이중모음운모 'ao'

① 발음 원리

- 'ao'는 원래 'au'로 표기하는 것이 실제에 더 가깝다. 애초 'an'과의 혼동을
　피하기 위해서 'ao'로 쓰기로 규정하였다고 한다.[2]

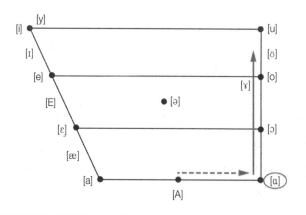

────────────────────────────
2) 엄익상·박용진·이옥주, 《중국어교육론》, 서울 : 한국문화사, 2015, 120쪽.

- [ɑʊ] : 'ɑ'와 'u'가 결합하면서 주요모음 'ɑ'는 중설의 [ʌ]에서 후설의 [ɑ] 방향으로 발음 위치가 이동한다. 이는 후설모음 'u'의 영향을 받기 때문이다.
- 운미 'u'는 역시 입을 크게 벌리는 [ɑ]의 영향으로 [u]로 소리 나지 않고 혀의 위치가 살짝 낮은 [ʊ]로 발음된다.

② 주의사항
- 한국인들은 한어병음 'ao'를 우리말 '아오'로 발음하기 쉽다.
- 'o'는 한어병음 규정상의 표기일 뿐, 실제 발음은 그렇지 않음에 유의하자.

③ 연습방법
- 먼저 혀끝을 혀 밑 말랑말랑한 부분으로 이동시킨 다음 입을 최대한 크게 벌리고 우리말 '아'를 소리 낸다. 이렇게 발음하면 'ɑ'가 후설(後舌)화 되어 [ɑ]음을 낼 수 있다. 주요모음이므로 소리를 보다 분명하고 길게 내야 한다.
- 소리를 끊지 말고 입을 살짝 둥글게 모으면서 가볍고 짧게 우리말 '우'를 발음한다. 이때 절대로 위아래 어금니가 붙어서는 안 된다. 또한 혀뿌리가 [u]를 발음할 때처럼 긴장을 유지한 채 입천장 가까이에 붙어서도 안 된다. [ʊ]는 [u]보다는 이완된 음으로 '가볍고 짧게'를 명심하면 어렵지 않게 낼 수 있다.
- 다른 방법으로는 [ɑ]음을 제대로 낸 다음 'u'를 발음하기 위한 입모양만 취한다는 기분으로 가볍고 짧게 입을 오므리면 [ʊ]음을 낼 수 있다.
- [ɑ] - [ɑ] - [ʊ]와 같은 느낌을 살려본다.

④ 듣고 따라 읽기 🔊 5-2

 āo   máo   bǎo   nào   dǎo   gào

3. 이중모음운모 'ei'

① 발음 원리

- [eɪ] : 'e'와 'i'의 결합이다. 혀의 위치가 주요모음 [e]에서 시작하여 [i]를 향해서 점차 높아진다.

- 그러나 [i]까지는 가지 않고 [ɪ]에서 멈추게 된다. [ɪ]는 한어병음 'ɑi'의 'i' 발음을 참조하면 된다.

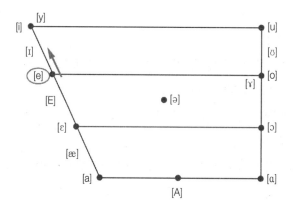

② 주의사항

- 'ei'를 절대로 우리말 '에이'로 발음하지 않도록 주의한다.

- 'i'가 주요모음이 아니라 운미로 소리가 약화됨을 잊지 말자.

③ 연습방법

- [e]는 우리말 '에'와 유사하다. 다만 입꼬리에 보다 힘을 줘야 하고 윗니와

아랫니 사이도 **충분히 벌려줘야** 한다. 주요모음이므로 소리를 보다 분명하고 길게 내준다.

- 소리를 끊지 말고 입을 아주 살짝만 닫으면서 우리말 '이'를 가볍고 짧게 발음한다. 이때 절대로 위아래 어금니가 붙어서는 안 된다. 그러면 소리가 [i]까지 가지 않고 [ɪ]에서 멈추는 것을 확인할 수 있다.
- [e] - [e] - [ɪ]와 같은 느낌을 살려본다.

④ 듣고 따라 읽기 🔊 5-3

　　ēi　　méi　　běi　　nèi　　děi　　gěi

4. 이중모음운모 'ou'

① 발음 원리

- [əʊ] : 'o'와 'u'의 결합이나 실제 발음은 'o'나 'u'가 개별적으로 단운모로 발음될 때와는 다르다.
- 단운모 'o'와 'u'는 모두 후설모음으로 발음 위치가 매우 가깝고, 'o'가 이미 혀뿌리를 상당히 올린 상태에서 내는 소리인데 거기서 다시 혀뿌리를 더 올려 'u'음을 내려면 발음하기가 대단히 어색하고 어렵다. 'ou'의 발음변화는 이와 같은 이유에서 기인하다.
- 실제 발음에 있어서, 앞의 'o'는 중설화하여 설면앙중불원순모음(舌面央中不圓脣元音) [ə]에 가까워진다. 그러나 가급적 원순모음의 특징을 약간 유지해주는 것이 좋다. 뒤의 'u'는 운미의 특징상 약화되기 때문에 가볍고 짧게 [ʊ]음으로 발음된다.

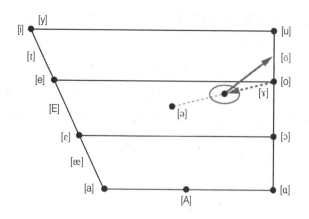

② 주의사항

- 'ou'를 우리말 '오우'로 발음하지 않도록 주의한다.

- 'u'는 주요모음이 아니라 운미이므로 아주 가볍게 발음해야 한다.

③ 연습방법

- 입을 절반 정도 벌린 다음 우리말 '어'를 발음해본다. 이 소리가 바로 [ə]음이다.

- 'u' 운미를 의식하면서 다시 [ə]를 내보면, 비교적 자연스럽게 원순모음 'u'에 살짝 동화되어 [ə]와 [o]의 중간음이 나게 된다. 이것이 'ou'의 시작음이자 주요모음이다. 이 소리를 길고 뚜렷하게 낸다.

- 다른 방법으로 단운모 'o'의 입모양을 한 다음 우리말 '어'를 내어도 된다.

- 소리를 끊지 말고 입의 긴장을 이완시키면서 가볍고 짧게 우리말 '우'를 살짝 갖다 붙인다. [ʊ]음을 낼 때에는 위아래 어금니가 떨어지고 혀가 이완된 상태여야 함에 신경 쓴다.

- [ə] - [ə] - [ʊ]와 같은 느낌을 살려본다.

④ 듣고 따라 읽기 🔊 5-4

ōu　　móu　　nòu　　dōu　　gǒu

cf) bou(X)

1. ɑi

IPA	입모양(앞)	입모양(측면)		핵심 비법
	평순	혀끝	아랫니 뒤	입을 가급적 크게 벌리고 우리말 '아'를 길고 분명하게
[aɪ]				↓ 입 크게 벌린 긴장 풀며 우리말 '에' ☞ 입을 다무는 관성의 작용으로 [ɪ]음이 나게 됨 [a] - [a] - [ɪ]

2. ɑo

IPA	입모양(앞)	입모양(측면)		핵심 비법
[ɑʊ]	평순 → 원순	혀끝	혀 밑 말랑말랑 부분	입을 최대한 벌리고 우리말 '아'를 길고 분명하게 ↓ 우리말 '우'를 발음하는

IPA	입모양(앞)	입모양(측면)	핵심 비법
			입모양만 취한다는 기분으로 입을 짧게 오므린다.
			[ɑ] - [ɑ] - [ʊ]

3. ei

IPA	입모양	측면도		핵심 비법
	평순	혀끝	아랫니 뒤	입꼬리에 힘을 주고 우리말 '에'를 길고 분명하게 ↓ 입을 아주 살짝만 닫으면서 우리말 '이' (단, 어금니가 붙지 않아야 하고, [i]만큼 입이 닫혀서는 안 됨)
[eɪ]				
				[e] - [e] - [ɪ]

4. ou

IPA	입모양(앞)	입모양(측면)		핵심 비법
	원순	혀끝	혀 밑 말랑말랑 부분	단운모 'o'의 입모양 우리말 '어' 길고 분명하게 ☞ 'o'보다는 입이 살짝 더 벌어지는 것을 확인 ↓ 입을 살짝만 모으면서 짧게 우리말 '우' (어금니가 붙지 않게 주의)
[əʊ]				
				[ə] - [ə] - [ʊ]

1. 큰소리로 따라 읽으며 소리를 분별해보세요. 🔊 5-5

āi / āo / ēi / ōu   bāi / bāo / bēi

mái / máo / méi / móu   nài / nào / nèi / nòu

dǎi / dǎo / děi / dǒu   gǎi / gǎo / gěi / gǒu

2. 발음을 듣고 큰소리로 따라 읽으세요.

※ 운모에 특별히 주의하고 안 배운 발음은 녹음을 따라 읽으세요.

① ai([aɪ]) 🔊 5-6

āi	ái	ǎi	ài
bái	mǎi	tāi	lài
gǎi	hái	sài	chāi

② ao([aʊ]) 🔊 5-7

āo	áo	ǎo	ào
pāo	mǎo	dào	náo
kǎo	zāo	sháo	rào

③ ei([eɪ]) 🔊 5-8

ēi	éi	ěi	èi
bēi	fèi	děi	léi
gěi	hēi	zéi	zhèi

④ ou([əʊ]) 🔊 5-9

ōu	ǒu	òu	póu
mǒu	fǒu	tóu	nòu
kōu	hóu	sǒu	shòu

3. 다음 녹음을 듣고 음절 속에 포함된 운모를 적어보세요. 🔊 5-10

(※ 성조는 무시해도 좋음)

① n___n___(할머니)　　② h___ (검다)　　③ m___ (고양이)

④ d___ (모두)　　⑤ m___zh___ (매주)　　⑥ f___jī (비행기)

Part4 생활 회화　　🔊 5-11

※ 배운 발음에 특별히 주의하고 안 배운 발음은 녹음을 따라 읽으세요.

Wǒ **ài** nǐ!	(나는 너를) 사랑해!
Wǒ bù xǐhuan tā.	난 개 싫어!
Nǎinai gěi wǒ **mǎi**le yì zhī gǒu.	할머니가 나에게 개 한 마리를 사주셨다.
Nǐ zuìjìn zěnmeyàng?	요즘 어때요?
Hěn **hǎo**. / **Hái** kěyǐ.	좋습니다. / 그저 그래요.

제6강 성조변화 I (3성), 순치음(f)

1. 3성의 성조변화

① 발음 원리

- 온전한 3성은 소리가 상대적으로 길다. 따라서 실제 회화에서 그것이 다 구현되는 경우는 드물고, 특히 문장 가운데서 3성이 끝까지 다 발음되는 경우는 거의 없다. 문장 끝에서는 원칙적으로는 3성을 다 내주어야 하지만, 중국인들과 실제 대화를 나눠보면 반3성만 내는 것을 종종 확인할 수 있다.

- 3성 뒤에 다시 3성이 나타나면 발음이 굉장히 어색해지기 때문에, 이 때 앞의 3성은 2성으로 발음한다.

    ex) Nǐ hǎo !

- '3성+3성'을 제외하고, 3성 뒤에 1성, 2성, 4성, 경성이 나타나는 경우엔 모두 전반3성으로 발음한다. 전반3성은 음을 낮게 깔면서 끝부분을 올리지 않는 것을 가리킨다.

    ex) lǎoshī 선생님   Měiguó 미국   hěn dà (매우) 크다

    　　hǎo de 좋아!   wǎnshang 저녁

② 주의사항 및 연습방법

- 우선 Chapter1에서 설명한 제3성 발음의 주의사항과 연습방법을 참

조하기 바람. 특히 전반3성을 낼 때 '낮은 음'이 지나치게 짧지 않도록 주
의해야 한다.

- 뒤에 나오는 제3성의 영향으로 제2성으로 바뀌는 제3성은 Chapter1
에서 설명한 제2성 발음의 주의사항과 연습방법을 참조하기 바람.

김샘의 발음 Talk

- 일부에서는 3성 앞의 3성이 2성으로 변하는 것이 아니라 '후반3성'(1도→4도)
으로 발음된다고 하고[3], 또한 원래 3성이었다가 2성으로 변하는 경우 실제 2
성만큼 음을 올리지 않는다고 설명하는 경우도 있다.[4] 실제로 중국인들과 대화
를 나눠보면 이런 느낌을 받을 때가 종종 있다. 그러나 연구결과에 따르면 후반
3성과 2성의 차이를 중국인들도 구별하지 못하는 경우가 많다고 하고[5], 또한
자칫 소리를 제대로 올리지 않아 이른바 '후반3성'조차 제대로 안 날 수도 있으
므로, 연습단계에서는 제대로 된 2성으로 발음하는 것이 바람직하다.

- 3개 이상의 3성이 이어질 때는 다양한 경우의 수가 존재한다. 일부에서는 마지
막 3성을 제외하고 앞의 3성을 모두 2성으로 바꿔서 읽으면 된다고 지도하지만
실제로 중국인들은 그렇게 발음하지 않는다. 회화 표현을 익히면서 중국인들이
어떻게 발음하는지 살펴보고 이를 그대로 따라하는 것이 가장 바람직하다. 일반
적으로는 개별 단어나 의미상 긴밀하게 결합하는 요소(수사+양사, 동사/형용사
+보어, 부사+동사/형용사 등)의 성조변화에 먼저 중점을 두고, 앞 뒤 상황에
따라서 자연스럽게 성조를 연결시키는 것이 좋다.

  ex)

  Zhǎnlǎn +guǎn 전람관 → 2+2+3

  Lǐ + xiǎojiě 미스 리 → 3+2+3

---

3) 허성도,《중국어입문》, 29쪽.
4) 화서당,《(기초부터 완성까지)중국어 발음》, 서울 : 넥서스, 2011, 130-131쪽.
5) 엄익상,《중국어 음운론과 응용》, 서울 : 한국문화사, 2012년, 198쪽 및 박종한 등,
《중국어의 비밀》, 402쪽 참조. 이 두 책에서는 모두 왕스위안(王士元)과 리궁푸(李
公普)의 실험결과를 인용하고 있는데, 이 실험에 따르면 '3성+3성'의 단어와 '2성+3
성'의 단어, 가령 買馬(mǎimǎ) - 埋馬(máimǎ)와 같은 단어 130조를 골라 원어민에
게 읽혀 그 의미를 물어본 결과 정답률이 고작 50% 정도에 불과했다고 한다.

yě + kěyǐ 그래도 되겠다 → 3+2+3

Xiǎngsǐ + nǐ le 너 보고 싶어 죽겠어 → 2+2+3+경

Wǒ yě + hěn hǎo 나도 좋아 → 2+3+2+3

Wǒ yǒu + liǎng bǎ + yǔsǎn 나는 우산 두 자루를 가지고 있어
   → 2+3+2+3+2+3

2. 순치음 'f'

① 발음 원리

- [f] : 영어의 f음과 대략 유사하다.

- 기류가 아래 입술과 윗니 사이의 틈으로부터 마찰하면서 나오는 마찰음6)이다.

- 영어의 f보다는 아래 입술과 윗니 사이의 압력이 다소 약하여, '영어 f의 끝소리'로 설명하는 경우도 있다.7)

② 주의사항

- 학생들 가운데 간혹 [f]를 [v] 혹은 [p']음으로 잘못 내는 경우가 있다. 전자는 기류가 약하기 때문이고, 후자는 아래 입술을 윗니로 지나치게 가두면서 파열음처럼 발음하기 때문이다.

- [f]는 마찰음이므로 기류를 좁은 틈으로 빠르게 밀어내야 한다.

③ 연습방법

- 아래 입술을 윗니 끝에 살짝 갖다 댄다.

---

6) 중국어로는 '擦音'이라고도 한다. "발음기관의 주동부분(조음기)을 피동부분(조음장소)에 매우 가까이 접근시켜서 생긴 좁은 간격 사이로 기류를 불어 내어 만드는 소리이다."(이재돈,《중국어음운학》, 서울 : 살림, 1994, 30쪽)

7) 이동훈·김충실,《한글로 배우는 표준 중국어 발음》, 서울 : 박이정, 2005, 16쪽.

- 그 상태에서 공기를 밖으로 세게 밀어 내면 윗니와 아래 입술 사이에 틈이 생기면서 소리가 나게 되는데, 이 소리가 바로 [f]음이다.
- 성모 학습 단계에서 'f'는 'ŏ'와 결합하여 읽는다.

④ 듣고 따라 읽기 🔊 6-1

    fō   fà   fú

    cf) fe(X), fi(X), fü(X)

`Part2` 핵심 비법 정리

1. 3성의 성조 변화

성조 결합	성조 변화	핵심 비법	성조 변화 예시 그림
3성+1성	반3성+ 1성	'낮은 음' (성대 끓는 듯한 소리) ※ 이 소리를 얼마간 유지하고 끝을 올려서는 안 됨! (계속 내려간다는 기분으로 발성해도 무방함. 단 소리는 계속 이어져야 함) ↓ 나머지 성조	
3성+2성	반3성+ 2성		
3성+4성	반3성+ 4성		

성조 결합	성조 변화	핵심 비법	성조 변화 예시 그림
3성+경성	반3성 +경성		
3성+3성	2성(혹은 후반3성) +3성	2성 발음 요령 참조 ↓ '낮은 음' 유지 ※ 긴장을 풀고 끝을 올려 도 무방하나, 일상회화 에서는 반3성으로 끝나 는 경우가 많음	

2. f

IPA	위치	성격	측면도	핵심 비법
[f]	윗니 끝 + 아래 입술	마찰음		· 영어의 f와 대략 유사. 단, 영어의 f보다는 상대 적으로 부드럽게 발음되므 로, 아래 입술을 윗니 끝에 살짝만 갖다 댄다. ☞ 주의 : 윗니로 아래 입 술을 지나치게 가두지 말 것!
		공기를 좁은 틈으로 세차게 밀어 냄		

1. 큰소리로 따라 읽으며 소리를 분별해보세요. ◀》 6-2

b / p / f   bā / pā / fā   bū / pū / fū

bēi / pēi / fēi   pǒu / fǒu

2. 발음을 듣고 큰소리로 따라 읽으세요.

※ 배운 발음에 특별히 주의하고 안 배운 발음은 녹음을 따라 읽으세요.

① 3성의 변화

- 3성 + 3성 🔊 6-3

hěn hǎo 매우 좋다	kěyǐ ~해도 좋다	Shǒu'ěr 서울
biǎoyǎn 공연하다	dǎrǎo 방해하다	xǐzǎo 목욕하다
shuǐguǒ 과일	yǔsǎn 우산	měihǎo 훌륭하다

- 3성 + 1성 🔊 6-4

Běijīng 베이징	huǒchē 기차	kěxī 아쉽다, 애석하다
měitiān 매일	shǒujī 핸드폰	xiǎoxīn 조심하다
dǎkāi 열다	hǎochī 맛있다	qǐfēi 이륙하다

- 3성 + 2성 🔊 6-5

běnlái 본래	dǐdá 도착하다	jiǎnchá 검사하다
jiějué 해결하다	kěnéng 가능하다	lǚxíng 여행하다
nǚ'ér 딸	shuǐpíng 수준	xiǎoxué 초등학교

- 3성 + 4성 🔊 6-6

bǐsài 시합	duǎnxìn 문자메시지	fǎngwèn 방문하다.
gǎnxiè 감사하다	hǎoxiàng 마치 …과 같다	kěshì 그러나
lǐmào 예의	mǐfàn 쌀밥	zhǔnbèi 준비하다

- 3성 + 경성 🔊 6-7

diǎnxin 간식, 딤섬	ěrduo 귀	jiǎozi 교자 만두
nǎinai 할머니	xǐhuan 좋아하다	yǎnjing 눈(eye)
zǎoshang 아침	zěnme 어떻게	zhǔyi 방법, 아이디어

② f([f]) 🔊 6-8

| fō | fó | fǎ | fù |
| fèi | fǒu | fān | féng |

3. 다음 녹음을 듣고 음절 속에 포함된 성모를 적어보세요. 🔊 6-9

① __àn (밥)　　　　　　② __à (무서워하다)

③ __ēng (바람)　　　　　④ __iàn__āo (빵)

⑤ __àn__ǎ (방법)　　　　⑥ __ēn__ié (각각, 따로)

Part4 생활 회화　　　　　　　🔊 6-10

※ 배운 발음에 특별히 주의하고 안 배운 발음은 녹음을 따라 읽으세요.

Máfan nǐ le.　　　　　　　실례 좀 할게요. / 귀찮게 했습니다.

Hǎo jiǔ bú jiàn.　　　　　오래간만입니다.

Nǐ shì nǎ guó rén?　　　　어느 나라 분이세요?

Wǒ shì Zhōngguó rén, nǐ ne?　저는 중국 사람입니다, 그쪽은요?

(Hánguó / Měiguó / Fǎguó)　(한국 / 미국 / 프랑스)

멋진 발음으로(Ⅰ)

- 중국시(中國詩) 낭송

Yǒng é

Luò Bīnwáng

É, é, é.	꽥, 꽥, 꽥.
Qū xiàng xiàng tiān gē.	굽은 목으로 하늘을 향해 노래 부른다.
Bái máo fú lǜ shuǐ	흰 깃털로 녹색 물 위로 떠다니고
Hóng zhǎng bō qīng bō	붉은 갈퀴로 맑은 물결을 헤친다.

※ 진한 색으로 표시한 부분은 이 시의 운자(韻字)임.

원문

詠 鵝

駱賓王

鵝, 鵝, **鵝**.　曲項向天**歌**.
白毛浮綠水,　紅掌撥清**波**.

해설

　이 시는 당(唐)나라 시인 낙빈왕(駱賓王)이 겨우 7살 때 지은 작품으로 널리 알려져 있다. 어린 시인의 눈에 들어온 거위의 모습을 아주 형상적으로 묘사한 작품으로, 오늘날 수많은 중국의 어린이들에 의해 애송되고 있다. 또한 전 미국 대통령 도널드 트럼프(Donald Trump)의 외손녀 아라벨라 쿠시너(Arabella Kushner, 당시 5세)가 이 시를 암송하는 장면이 인터넷상에 퍼지면서 화제가 되기도 하였다. 멋진 발음으로 이 시를 익혀보면, 중국어와 중국시의 묘미를 얼마간 맛볼 수 있을 것이다.

Chapter 4

이중모음운모II·III, 성조변화II

제7강 이중모음운모 II (ia, ie, üe)

원리 이해

이번 강좌에서는 이중모음운모 가운데 전설모음 'i'와 'ü'가 운두(韻頭, 일명 개음 介音)로 먼저 나오고 뒤에 주요모음이 나타나는 ia, ie, üe를 살펴보도록 하겠다. 이들 발음의 운두 'i'와 'ü'는 ai, ao, ei, ou의 운미가 약화되는 것과는 달리 짧게 발음이 될지라도 정확하게 발음해야 하는 특징을 지닌다.[1]

1. 이중모음운모 'ia'

① 발음 원리

- [iA] : [i]와 [A]의 결합이다.

- 주요모음은 [A]이기 때문에 뒤의 모음을 더욱 길고 분명하게 발음해야 한다.

- 운두 [i]를 짧고 가볍게 발음해야 하고 [A]와 끊어짐 없이 이어지도록 해야 한다. 단 [i] 역시 입모양을 제대로 취하고 정확하게 발음해야 한다.

---

1) ia, ie, üe와 다음 강의에서 살펴볼 ua, uo의 운두 'i', 'ü', 'u'의 발음에 대해서, 린타오 (林燾)·왕리자(王理嘉)는 후향복운모(後響複韻母)의 운두는 매우 짧지만 그 혀의 위치는 매우 안정적이다고 하였다. (林燾·王理嘉 저, 王韞佳·王理嘉 증정, 심소 희 편역, 《중국어음운학》, 서울: 교육과학사, 2016, 194쪽)

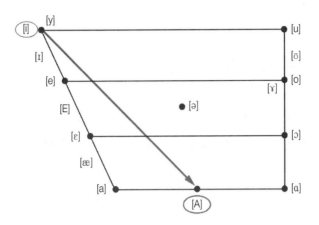

② 주의사항

- 'iɑ'는 우리말 '야구'를 발음할 때 '야'([jʌ])의 발음과는 확연히 차이가 난다. 다시 말해 절대로 우리말 '야'로 발음해서는 안 된다.
- 우리말 '야'가 비교적 '단숨에' 발음이 되는 것과는 달리, 중국어 'iɑ'는 또렷하게 'i'에서 시작하여 'ɑ'로 발음이 진행된다는 사실에 주의하자.
- 일부에서는 'iɑ'와 아래에서 살펴볼 'ie'의 'i'가 활음 [j]로 소리 난다고 설명하기도 한다. 그러나 [j]로 표기하면 마치 우리말 '야'처럼 발음될 우려가 있다. 따라서 이와 같은 설명은 통상적인 [i]보다는 짧고 약하게 발음하고 주요모음 'ɑ'와 'e'를 더욱 두드러지게 발음해야 한다는 취지로 받아들이는 것이 좋겠다.

③ 연습방법

- [i]와 [A]의 발음은 각각 Chapter2와 Chapter1을 참조하기 바람. 특히 [i]를 발음할 때, '**입꼬리에 힘, 입술 평평**'이 되었는지 반드시 확인할 것.
- [i]를 짧지만 정확하게 발음한 다음, [A]음을 향해 입을 크게 벌리면서 소리를 길고 크게 내본다.

- [i] - [A] - [A] - [A]와 같은 느낌을 살려본다.

④ 듣고 따라 읽기 🔊 7-1

iā(yā)

cf) biɑ(X), piɑ(X), miɑ(X), fiɑ(X), niɑ(X), diɑ(X), giɑ(X)

※ 한어병음 표기법상 'iɑ' 앞에 다른 성모가 나오지 않을 경우에는 'i'를 'y'로 고쳐서 적는다. 'iɑ'와 결합하는 성모는 앞으로 배울 l, j, q, x 네 가지밖에 없다.

2. 이중모음운모 'ie'

① 발음 원리

- [iɛ] : [i]와 [ɛ]의 결합이다.
- 주요모음은 [ɛ]이기 때문에 뒤의 모음을 더욱 길고 분명하게 발음해야 한다.
- 운두 [i]를 짧고 가볍게 발음해야 하고 [ɛ]와 끊어짐 없이 이어지도록 해야 한다. 단 [i] 역시 입모양을 제대로 취하고 정확하게 발음해야 한다.
- 'e'가 [e]가 아닌 [ɛ]로 소리가 나는 것은, 주요모음을 더욱 분명하게 발음하기 위해서 입을 제대로 벌리게 되면 일종의 관성이 작용하여 [e]를 지나서 [ɛ]까지 이르기 때문이다.

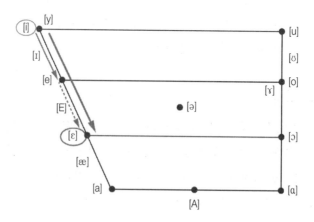

② 주의사항

- 한국인들은 'ie'를 우리말 '예물'의 '예'로 발음하기 쉽다.
- 우리말 '예'가 비교적 '단숨에' 발음이 되는 것과는 달리, 중국어 'ie'는 또렷하게 [i]에서 시작하여 [ɛ]로 발음이 진행된다는 사실에 주의하자.
- 'e'를 발음할 때 입을 충분히 벌리지 않으면 [ɛ]음이 나지 않게 되고, 주요모음으로서의 특징을 드러낼 수 없게 되므로 윗니와 아랫니 사이 **를 충분히 벌려줘야** 한다.
- 일부에서는 'ie'의 'e'가 [ɛ]와 [e]사이의 음인 [E]로 소리 난다고 설명한다. 역시 우리말 '에'보다는 입을 크게 벌려야 하고, 충분히 통용될 수 있는 발음이다.

③ 연습방법

- [i]의 발음 요령은 Chapter2를 참조하기 바람. 특히 '**입꼬리에 힘, 입술 평평**'!
- [i]를 짧지만 정확하게 발음한 다음, 입의 긴장을 풀지 않은 상태에서 우리말 '에'를 생각하며 입을 가급적 크게 벌리면 [ɛ]음을 낼 수 있다.
- [i] - [ɛ] - [ɛ] - [ɛ] - [i]와 같은 느낌으로 연습해본다.

④ 듣고 따라 읽기 🔊 7-2

    iē(yē)   miè   bié   niē   dié

    cf) gie(X)

※ 한어병음 표기법상 'ie' 앞에 다른 성모가 나오지 않을 경우에는 'i'를 'y'로 고쳐서 적는다. 'ie'와 결합하는 성모로는 m, b, n, d 외에도 앞으로 배울 p, t, l, j, q, x 등이 있다.

3. 이중모음운모 'üe'

① 발음 원리

- [yε] : [y]와 [ε]의 결합이다.
- [i]를 원순모음 [y]로 내는 것만 차이가 나고, 기본적으로 'ie'의 발음원리를 참조할 수 있다.

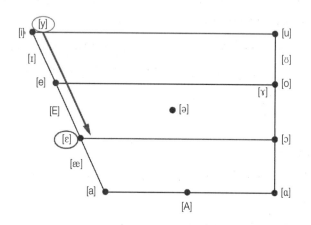

② 주의사항

- 한국인들은 'üe'를 '위에' 혹은 '유에' 등으로 잘못 발음하기 쉽다.
- [y]를 정확하게 발음해야 하고, [ε]의 경우 한국어 '에'보다 윗니와 아랫니 사이를 좀 더 크게 벌려줘야 한다.
- [ε] 대신에 [E]로 발음된다는 설명도 있지만, 어쨌든 우리말 '에'보다는 입을 크게 벌려야 하는 것에서는 매한가지이다.

③ 연습방법

- [y]의 발음 요령은 Chapter2를 참조하기 바람.
- [y]를 짧지만 정확하게 발음한 다음, 입의 긴장을 풀지 않은 상태에서 우리말

'에'를 생각하며 입을 가급적 크게 벌리며 [ɛ]음을 낸다.

- [y] - [ɛ] - [ɜ] - [ɜ] - [y] 와 같은 느낌으로 연습해본다.

④ 듣고 따라 읽기 🔊 7-3

　　üē(yuē)　　　　　　　　nüē

　　cf) büe(X), müe(X), düe(X), güe(X)

※ 한어병음 표기법상 성모가 없이 단독으로 발음될 때는 üe를 yue로 표기한다. 'n'을 제외하고 'üe'와 결합하는 성모는 앞으로 배울 l, j, q, x 네 가지밖에 없다.

Part2　핵심 비법 정리

1. ia

IPA	입모양(앞)	입모양(측면)		핵심 비법
[iA]	평순	혀끝	아랫니 뒤 → 아래 잇몸 하부	입꼬리 힘, 입술 평평 우리말 '이' 짧지만 정확하게 ↓ 입을 크게 벌리면서 '아'를 길고 뚜렷하게 ※ '입꼬리 힘, 입술 평평' 하고 발성을 시작한 다 음([i]), 입을 가급적 크 게 벌리면서 우리말 (과도음*늑야) 아아 아'를 발음해도 됨
				[i] - [A] - [A] - [A]

* 과도음(過渡音): 어떤 음에서 다른 음으로 옮아가는 중간에 나타나는 소리를 가리킨다.

2. ie

IPA	입모양(앞)	입모양(측면)		핵심 비법
[iɛ]	평순	혀끝	아랫니 뒤	입꼬리 힘, 입술 평평 '이'를 짧지만 정확하게 ↓ 입을 가능한 한 크게 벌리면서 '에'를 길고 뚜렷하게 ☞ 입을 벌리는 관성의 작용으로 [ɛ]음이 나게 됨. '애'를 발음해도 무방함.
				※ '입꼬리 힘, 입술 평평'하고 발성을 시작한 다음([i]), 입을 가급적 크게 벌리면서 우리말 '(과도음≒예)에에애'를 발음해도 됨
				[i] - [ɛ] - [ɛ] - [ɛ]

3. üe

IPA	입모양(앞)	입모양(측면)		핵심 비법
[yɛ]	원순 → 평순	혀끝	아랫니 뒤	'ü'음을 짧지만 정확하게 ↓ 입을 가능한 한 크게 벌리면서 '에'를 길고 뚜렷하게 ☞ 입을 벌리는 관성의 작용으로 [ɛ]음이 나게 됨. '애'를 발음해도 무방함.
				[y] - [ɛ] - [ɛ] - [ɛ]

1. 큰소리로 따라 읽으며 소리를 분별해보세요. 🔊 7-4

　　yā / yē / yuē　　　　　niè / nüè

2. 발음을 듣고 큰소리로 따라 읽으세요.

　　※ 배운 발음에 특별히 주의하고 안 배운 발음은 녹음을 따라 읽으세요.

① iɑ([iA]) 🔊 7-5

yā	yá	yǎ	yà
liǎ	jiā	qiá	xià

② ie([iɛ]) 🔊 7-6

yē	yé	yě	yè
biē	miè	tiě	niē
liè	jié	qiē	xiě

③ üe([yɛ]) 🔊 7-7

yuē	yuě	yuè	nüè
lüè	jué	quē	xuě

※ 성모 j, q, x가 'üe'와 결합하면 위의 점 두 개를 떼고 jue, que, xue로 표기
　　한다.

3. 다음 녹음을 듣고 음절 속에 포함된 운모를 적어보세요. 🔊 7-8

(※ 성조는 무시해도 좋음)

① _____ (할아버지)   ② ___(이, 치아)

③ x_____ (배우다)   ④ b___de (다른 것)

⑤ j___de (~라고 느끼다)

🔊 7-9

※ 배운 발음에 특별히 주의하고 안 배운 발음은 녹음을 따라 읽으세요.

Xià xuě le.   눈이 내린다.
Xià yǔ le.   비가 내린다.

Tā shì shéi?   저/이 사람 누구니?
Tā shì wǒ péngyou.   내 친구야.
(wǒmen de lǎoshī / wǒ jiějie)   우리 선생님 / 우리 누나(언니)

Tā yǒu nánpéngyou ma? /   저 사람 남친 있어? / 여친
  nǚpéngyou
Yǒu / Méi yǒu.   있어 / 없어.

제8강 이중모음운모Ⅲ(ua, uo), 성조변화Ⅱ(4성, 不, 一)

이번 강좌에서는 이중운모 가운데 후설모음 'u'가 운두(韻頭, 일명 개음 介音)로 먼저 나오고 뒤에 주요모음이 나타나는 ua, uo에 대해서 학습하기로 한다. 아울러 4성과 부정사 bù(不), 수사 yī(一)의 성조변화에 관해서도 살펴보기로 한다.

1. 이중모음운모 'ua'

① 발음 원리

- [uA] : [u]와 [A]의 결합이다.
- 주요모음은 [A]이기 때문에 뒤의 모음을 더욱 길고 분명하게 발음해야 한다.

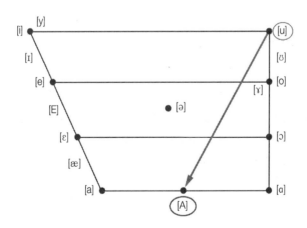

- 운두 [u]를 짧고 가볍게 발음해야 하고 [A]와 끊어짐 없이 이어지도록 해야 한다. 단 [u] 역시 입모양을 제대로 취하고 정확하게 발음해야 한다.

② 주의사항
- 한국인들은 'uɑ'를 우리말 '와'로 발음하기 쉽다.
- 우리말 '와'가 비교적 '단숨에' 발음이 되고 'ㅗ' 발음이 상당히 약화되는 것과는 달리, 중국어 'uɑ'는 또렷하게 'u'에서 시작하여 'ɑ'로 발음이 진행된다는 사실에 주의하자.

③ 연습방법
- [u]와 [A]의 발음은 각각 Chapter2와 Chapter1을 참조하기 바람.
- [u]를 짧지만 정확하게 발음한 다음, [A]음을 향해 입을 크게 벌리면서 소리를 길고 크게 내본다.
- '입술 앞으로 쭉'하고 발성을 시작한 다음([u]), 입을 크게 벌리면서 우리말 '(과도음≒와)아아**아**를 발음해도 됨
- [u] - [A] - [A] - [A]와 같은 느낌을 살려본다.

④ 듣고 따라 읽기 🔊 8-1
　uā(wā)　　guà
　cf) buɑ(X), muɑ(X), nuɑ(X), duɑ(X)
※ 한어병음 표기법상 'ua' 앞에 다른 성모가 나오지 않을 경우에는 'u'를 'w'로 고쳐서 적는다. 'uɑ'는 g 이외에도 앞으로 배울 k, h, zh, ch, sh, r 등 6가지 성모와 결합할 수 있다.

2. 이중모음운모 'uo'

① 발음 원리

- [uo] : [u]와 [o]의 결합이다.
- **주요모음은 [o]이기 때문에 뒤의 모음을 더욱 길고 분명하게 발음해야 한다.**
- 운두 [u]를 짧고 가볍게 발음해야 하고 [o]와 끊어짐 없이 이어지도록 해야 한다. 단 [u] 역시 입모양을 제대로 취하고 정확하게 발음해야 한다.

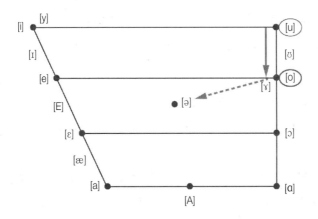

② 주의사항

- 한국인들은 'uo'를 '워'로 발음하기 쉽다. 혹은 '우오'로 발음하는 사람도 적지 않다.
- 우리말 '워'가 비교적 '단숨에' 발음이 되고 'ㅜ'발음이 상당히 약화되는 것과는 달리, 중국어 'uo'는 또렷하게 'u'에서 시작하여 'o'로 발음이 진행된다는 사실에 주의한다.
- 일부 교재에서는 'uo'의 소리를 [uə]로 설명하기도 한다. 중국인 가운데 이와 같이 발음하는 사람이 있기 때문에 아주 틀린 설명은 아니

다. 그러나 실제로 중국인들이 발음하는 것을 살펴보면, 'uo'의 'o'가 원순모음의 성격을 여전히 유지하고 있음을 확인할 수 있다.[2]

③ 연습방법

- [u]와 [o]의 발음은 각각 Chapter2와 Chapter1을 참조하기 바람.
- [u]를 짧지만 정확하게 발음한 다음 [o]음을 길고 분명하게 낸다.
- 단운모 'o'를 발음할 때와 마찬가지로 끝부분에서 입의 긴장을 살짝 풀면서 우리말 '어' 비슷한 소리가 뒤따르게 만든다. 단 의도적으로 입을 벌리면서 [ə] 소리를 내서는 곤란하다.
- [u] - [o] - [o] - [o(+ə)]…와 같은 느낌을 살려본다.

④ 듣고 따라 읽기 ◀》 8-2

uō(wō)   nuò   duó   guǒ

cf) buo(X), muo(X)

※ 한어병음 표기법상 'uo' 앞에 다른 성모가 나오지 않을 경우에는 'u'를 'w'로 고쳐서 적는다. 'uo'는 n, d, g 이외에 성모 t, l, k, h, z, c, s, zh, ch, sh, r 등과 결합한다.

3. 4성의 성조 변화

① 발음 원리

- 4성의 발음 원리 및 요령에 따르면(Chapter1 참조), 온전한 4성은 소리가 다른 성조에 비해서 상대적으로 길다.

---

2) 仇鑫奕 편저, 《外國人漢語發音訓練》, 北京 : 고등교육출판사, 2011, 83쪽 참조. 또한 엄익상 등 《중국어교육론》(117쪽)에서도 음성학자 우쭝지(吳宗濟)의 설을 인용하면서 'uo'를 [uə]로 발음해서는 안 된다는 주장을 펼치고 있다.

- 이것이 기타 성조와 결합될 때에는 문제가 없지만, 4성 다음에 다시 4성이 연이어 나오면 발음이 상당히 어색하고 어려워진다. 특히 일상회화에서 4성이 연속될 때 앞 뒤 음절의 성조를 모두 제대로 내는 경우는 거의 없다.
- 4성 다음에 4성이 붙게 되면 앞의 4성은 반4성으로 발음한다. '5도(고음)에서 1도(저음)'로 변하는 것이 온전한 4성이라면, 반4성은 '5도에서 3도(중간음)'까지만 소리가 떨어진다.
- 뒤의 4성은 온전한 4성으로 발음하면 된다.

② 주의사항
- '4성+4성'의 상황에서 일부 학생들이 뒤의 4성에 지나치게 **힘을 주거나 높은 음을 내는 현상**을 자주 목격한다. 이론적으로는 앞 뒤 4성 모두 같은 높이에서 소리가 떨어져야 함에 유념하자.

김샘의 발음 Talk

　실제 중국인들의 발음을 들어보면, 흔히 뒤의 4성이 앞의 4성보다 다소 낮은 높이(약 4도)에서 소리가 떨어지는 것 같은 느낌을 받기도 한다. 그러나 이는 실제 회화 상황에서 강세의 영향으로 자연스럽게 결정되는 것이기 때문에 연습 단계에서는 그다지 신경 쓸 필요가 없다. 자칫 뒤의 4성의 음높이가 지나치게 낮아질 염려도 있으므로, 일부러 '4도→1도'로 내는 것은 권하지 않는다.

---

③ 연습방법
- 온전한 4성을 내는 요령은 Chapter1을 참조하기 바람.
- 반4성을 내는 방법은 온전한 4성을 내는 것과 그 시작은 동일하다. **발성과 동시에 폐에서의 공기 공급을 중단한 다음, 우선 성대 위로 미리 공급**

된 공기의 절반 정도만 사용한다.(대략 입안의 공기만 내뱉게 됨)
- 남은 공기를 길게 쭉 내뱉으면서 '낮은 음'(성대가 끓는 듯한 소리)이 나는지 확인한다.

④ 듣고 따라 읽기 🔊 8-3

zàijiàn (헤어질 때)안녕　　　　zuìjìn 최근

jiàn//miàn 만나다　　　　　　diànhuà 전화

4. bù(不), yī(一)의 성조 변화

① bù(不)의 성조 변화

부정을 나타내는 부사 bù(不)는 원래 4성이지만, 4성 앞에서는 2성으로 발음한다.

　ex) bù lái 안 온다　　　　bú qù 안 간다

② yī(一)의 성조 변화

숫자 yī(一)의 성조 변화는 양상이 조금 더 복잡하다.

- 단독으로 읽거나 서수로 쓰일 때는 원래대로 1성으로 발음한다.

　ex) yī, dì-yī

※ 날짜나 연도를 표시할 때도 1성으로 발음한다.

　yī yuè shíyī hào　　　　1월11일

　yījiǔyī'èr nián　　　　　1912년

- 4성과 4성이 경성으로 변한 글자 앞에서는 2성으로 변한다.

　ex) yíyàng 같다, 동일하다　　yí ge 하나

- 1, 2, 3성 앞에서는 4성으로 변한다.

  ex) yìbān 일반적이다   yìzhí 줄곧, 계속   yìqǐ 함께

※ bù(不), yī(一)는 원래 성조로 표기하는 것이 원칙이지만, 최근에는 변화된 성조로 많이 표기한다.

---

1. ua

IPA	2모양(앞)	입모양(측면)		핵심 비법
[uA]	원순 → 평순	혀끝	혀 밑 말랑말랑 부분 → 아래 잇몸 하부	'입술 앞으로 쭉' 'u'음을 짧지만 정확하게 ↓ 입을 크게 벌리면서 '아'를 길고 뚜렷하게 ※ '입술 앞으로 쭉'하고 발성을 시작한 다음([u]), 입을 크게 벌리면서 우리말 '(과도음ㅋ와)아 아아'를 발음해도 됨
				[u] - [A] - [A] - [A]

2. uo

IPA	입모양(앞)	입모양(측면)		핵심 비법
	원순	혀끝	혀 밑 말랑말랑 부분	'입술 앞으로 쭉' 'u'음을 짧지만 정확하게 ↓ 내민 입술을 다시 당기면서 'o'음을 길고 분명하게 ↓ 끝부분에서 긴장 살짝 풀기 (우리말 '어' 비슷한 소리가 뒤따름)
[uo]				
				[u] - [o] - [o] - [o(+ə)]

3. 4성의 성조 변화

성조 결합	성조 변화	핵심비법	성조 변화 예시 그림
4성 + 4성	반4성 + 4성	발성과 동시에 폐에서의 공기 공급 중단 ↓ 우선 성대 위로 미리 공급된 공기의 절반 정도만 사용(대략 입안의 공기만 내뱉게 됨) ↓ 남은 공기 길게 쭉 내뱉고 '낮은 음'(성대가 끓는 듯한 소리) 확인	

4. bù(不), yī(一)의 성조 변화

bù(不)		yī(一)	
성조 결합	성조 변화	성조 결합	성조 변화
bù + 1, 2, 3성	없음	단독으로 읽을 때	없음
		서수로 읽을 때 ex) dì yī	
bù + 4성	bú + 4성	yī + 4성 (4성이 경성으로 변한 글자 포함)	yí + 4성
		yī + 1, 2, 3성	yì + 1, 2, 3성

Part3 **연습**

1. 큰소리로 따라 읽으며 소리를 분별해보세요. 🔊 8-4

wā / wō   guǎ / guǒ

2. 발음을 듣고 큰소리로 따라 읽으세요.

※ 배운 운모에 특별히 주의하고 안 배운 발음은 녹음을 따라 읽으세요.

① uɑ([uA]) 🔊 8-5

wā	wá	wǎ	wà
kuà	huá	zhuā	shuǎ

② uo([uo]) 🔊 8-6

wō	wǒ	wò	tuó
nuò	luǒ	guō	huó
cuō	suǒ	zhuó	ruò

③ 4성의 성조 변화(반4성 + 4성) 🔊 8-7

diànshì 텔레비전	fàndiàn 호텔	hùzhào 여권
jiàoshì 교실	jièshào 소개하다	kuàilè 즐겁다, 행복하다
shàngkè 수업하다	sùshè 기숙사	xiànzài 현재, 지금

④ bù(不), yī(一)의 성조 변화
- bù(不) 🔊 8-8

bù chī 안 먹는다	bù xíng 안 된다	bù mǎi 안 산다
bú mài 안 판다	búdàn ~뿐만 아니라	búcuò 좋다, 괜찮다
bú kàn 안 본다	bú shì ~가 아니다	búyòng ~할 필요가 없다.

- yī(一) 🔊 8-9

yìbiān 한 쪽, 한 편	yìtiān 하루	yìjiā 한 집, 일가
yìshí 한때, 잠시	yìlún 한 바퀴, 라운드	yìnián 일년
yìdiǎnr 조금	yìkǒu 한입	yìyǎn 한 번 (보다)
yídìng 반드시, 꼭	yígòng 모두	yíxià 한번 (~해보다)

3. 다음 녹음을 듣고 음절 속에 포함된 운모를 적어보세요. 🔊 8-10

(※ 성조는 무시해도 좋음)

① _____ (아기, 인형)　　　　② sh__h__ (말하다)

③ Měig____ (미국)　　　　　　④ ____zi (양말, 스타킹)

⑤ zh____zi (탁자, 테이블)

Part4 **생활 회화**　　　　　　　　　　🔊 8-11

※ 배운 발음에 특별히 주의하고 안 배운 발음은 녹음을 따라 읽으세요.

Wǒ měitiān wǎnshang dōu shuāyá.　　나는 매일 저녁마다 이를 닦는다.

Nǐ jīnnián duōdà le?　　　　　　올해 나이가 어떻게 되세요?

(Wǒ jīnnián) èrshísì suì.　　　　(나는 올해) 24살이에요.

※ 중국어 숫자 읽기

0	1	2	3	4	5	6	7	8	9	10	백	천	만
零	一	二	三	四	五	六	七	八	九	十	百	千	万
líng	yī	èr	sān	sì	wǔ	liù	qī	bā	jiǔ	shí	bǎi	qiān	wàn

Chapter 5
삼중모음운모, 설첨음

제9강 삼중모음운모(iao, iou, uai, uei)

1. 삼중모음운모 'iao'

① 발음 원리

- [iaʊ] : 단운모 'i'와 이중모음운모 'ao'의 결합이다.

- [i]를 짧고 가볍게 낸 다음 [aʊ]와 끊어짐 없이 이어지도록 발음한다.
  단 [i] 역시 정확하게 발음해야 한다.

- 세 개의 모음 가운데 주요모음 [a]를 가장 길고 분명하게 발음한다.

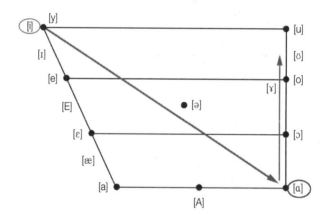

② 주의사항

- 한국인들은 'iao'를 '야오'로 발음하기 쉽다.

- 'iɑ'는 '야'가 아니고 'ɑo'도 '아오'가 결코 아니다.
- 중국어 'iɑo'는 또렷하게 'i'에서 시작하여 'ɑo'로 발음이 진행된다는 사실에 주의하자.

③ 연습방법
- 'i'와 'ɑo'의 발음요령은 Chapter2와 Chapter3을 참조하기 바람.
- 먼저 '입꼬리에 힘, 입술 평평'의 방법으로 [i]를 짧지만 정확하게 발음한다.
- 바로 이어서 [ɑ]를 길게 발음하다가 입의 긴장을 풀고 살짝 오므리는 방법으로 [ʊ]음을 더한다.
- '입꼬리 힘, 입술 평평'하고 발성을 시작한 다음([i]) 입을 가급적 크게 벌리면서 우리말 '(과도음≒야)아아'를 발음하다가, 끝에 '우'를 발음하는 입모양만 취한다는 기분으로 입을 가볍게 오므려도 무방하다.
- [i] - [ɑ] - [ɑ] - [ʊ]와 같은 느낌을 살려본다.

④ 듣고 따라 읽기 🔊 9-1

　　iāo(yāo)　　miáo　　biǎo　　niào　　diāo

　　cf) giɑo(X)

※ 한어병음 표기법상 앞에 성모가 없이 발음될 때는 'i'를 'y'로 바꿔서 적는다. 'iɑo'는 m, b, n, d 이외에 성모 p, t, l, j, q, x 등과 결합한다.

2. 삼중모음운모 'iou(-iu)'

① 발음 원리
- [iəʊ] : 단운모 'i'와 이중모음운모 'ou'의 결합이다.
- [i]를 짧고 가볍게 낸 다음 [əʊ]와 끊어짐 없이 이어지도록 발음한다. 단 [i] 역시 정확하게 발음해야 한다.

- [ㅓ]는 실질적으로 [ʊ]에 동화되어 [ㅓ]와 [o]의 중간음으로 내는 것이 가장 좋다.
- 이론상 세 개의 모음 가운데 [ㅓ]를 가장 길고 분명하게 발음해야 한다. 그러나 중국인들의 실제 발음을 들어보면 반드시 그렇지만은 않다.
- 'iou' 앞에 성모가 나오게 되면 주요모음 'o[ㅓ]'를 생략하고 'iu'로만 표기한다. 이는 'iu'로만 표기해도, [i]에서 [ʊ]로 입과 혀의 위치가 옮겨가는 가운데 실제로 'iou'의 소리가 나기 때문이다.
- 'iu'로 표기하는 것과 관련하여, 주요모음인 중모음 'o'가 'iao'의 주요모음 'a'만큼 분명하게 드러나지 않기 때문이라고 보는 학자들도 있다. 특히 1성과 2성을 발음할 때 'iou'의 'o'는 3성과 4성을 발음할 때보다 더욱 약하게 들린다.[1] 실제로 중국인들의 발음을 살펴보면 이러한 학설은 매우 설득력을 지닌다.

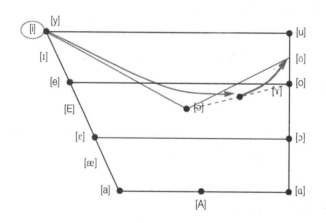

---

1) 엄익상 등, 《중국어교육론》, 116쪽. 이 책에서는 제리 노먼(Jerry Norman)의 학설을 인용하며, 'iou'와 'uei'의 주요모음인 'o'와 'e'가 1성과 2성일 때 3성과 4성자에서보다 더 약하게 들리는 현상이 있음을 밝히고 있다. 제리 노먼의 학설은 《Chinese》라는 책에 수록되어 있는데, 이 책은 《중국언어학총론》(전광진 역, 서울 : 동문선, 1996)이라는 제목으로 우리말로도 번역되어 있다. 'iou'의 'o'음과 관련된 내용은 《중국언어학총론》 211쪽에 나온다.

② 주의사항
- 한어병음 표기의 영향으로 한국인들은 'iou'를 '요우'로, 성모와 결합할 때 의 'iu'를 '이우' 내지는 '유'로 잘못 발음하기도 한다.
- 운두 [i]를 짧지만 정확하게 발음해야 하고, 'ou'가 '오우'가 아님에 주의하자.

③ 연습방법
- 'i'와 'ou'의 발음요령은 Chapter2와 Chapter3을 참조하기 바람.
- [i]는 '입꼬리에 힘, 입술 평평'을 신경 쓰며 짧게 발음한다.
- [i]음을 짧게 낸 다음 연이어 원순화된 '어'([ə])를 발음하다가, 마지막으로 입을 살짝만 오므리면서 우리말 '우'를 가볍게 갖다 붙인다. 원순화된 '어'([ə])의 정확한 발음을 위해서는 단모음 'o'의 입모양을 하고 우리말 '어'를 내보는 연습을 많이 해보길 추천한다.
- '성모+iu'의 상황에서는 별도로 다음과 같은 연습방법을 제시한다. 먼저 [i]를 짧게 발음하고 [ʊ]를 향해 입모양과 혀의 위치를 천천히 변화시켜 본다. 그러면 중간쯤에서 'o'에 해당하는 과도음(원순화된 '어')이 스치듯 발음되는 것을 경험할 수 있다. 이렇게 연습하면 상황에 따라 주요모음 'o'의 강약이 다르게 구현되는 것을 자연스럽게 익힐 수 있는 장점이 있다.
- [i] - [ə] - [ə] - [ʊ] 혹은 [i] - 과도음 - [ʊ]와 같은 느낌으로 연습해본다.

④ 듣고 따라 읽기 🔊 9-2
  iōu (yōu)　　　miù　　　niú　　　diū
  cf) biu(X), giu(X)
※ 한어병음 표기법상 앞에 성모가 없이 발음될 때는 'i'를 'y'로 바꿔서 적는다. 성모와 결합할 때는 'iu'로 적고 성조는 'u'위에 붙인다. 'iu'와 결합할 수 있는 성모로는 m, n, d 이외에도 l, j, q, x가 있다.

3. 삼중모음운모 'uai'

① 발음 원리

- [uaɪ] : 단운모 'u'와 이중모음운모 'ai'의 결합이다.
- [u]를 짧지만 정확하게 발음한 다음 [aɪ]와 끊어짐 없이 이어지도록 발음한다.
- 주요모음 [a]를 가장 길고 분명하게 발음한다.

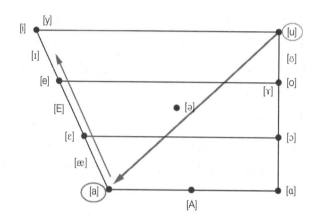

② 주의사항

- 한국인들은 'uai'를 '우아이' 혹은 '와이'로 발음하기 쉽다.
- 'ua'는 '와'가 아니고 'ai' 역시 '아이'가 결코 아니다.
- 'uai'는 또렷하게 'u'에서 시작하여 'ai'로 발음이 진행된다는 사실에 주의하자.

③ 연습방법

- 'u'와 'ai'의 발음요령은 Chapter2와 Chapter3을 참조하기 바람.
- 'u'를 발음할 때 혀끝을 혀 밑 말랑말랑한 부분에 대고 입을 쭉 내밀어줘야 하는 것에 신경 쓴다.

- 바로 이어서 [a]를 길게 발음하다가 입의 긴장을 풀면서 [ɪ]음을 살짝 더한다. [ɪ]는 우리말 '에'를 발음하는 입모양을 하면서 '이'를 발음하는 소리에 가깝다.
- '입술 앞으로 쭉'하고 발성을 시작한 다음([u]) 입을 크게 벌리면서 우리말 '(과 도음≒와)아아'를 발음하다가, 입을 살짝 다물며 우리말 '에'를 가볍게 붙여도 된다.('에'를 발음해도 입을 다무는 관성의 작용으로 [ɪ]음이 나게 된다)
- [u] - [a] - [a] - [ɪ]와 같은 느낌을 살려본다.

④ 듣고 따라 읽기 🔊 9-3

   uāi(wāi)   guài

   cf) muai(X), buai(X), nuai(X), duai(X)

※ 한어병음 표기법상 'uai' 앞에 다른 성모가 나오지 않을 경우에는 'u'를 'w'로 고쳐서 적는다. 'uai'는 g 이외에도 앞으로 배울 k, h, zh, ch, sh 등 5가지 성모와 결합할 수 있다.

4. 삼중모음운모 'uei(-ui)'

① 발음 원리

- [ueɪ] : 단운모 'u'와 이중모음운모 'ei'의 결합이다.
- [u]를 짧고 가볍게 낸 다음 [eɪ]와 끊어짐 없이 이어지도록 발음한다. 단 [u] 역시 정확하게 발음해야 한다.
- 이론상 세 개의 모음 가운데 [e]를 가장 길고 분명하게 발음해야 한다. 그러나 중국인들의 실제 발음을 들어보면 반드시 그렇지만은 않다.
- 'uei' 앞에 성모가 나오게 되면 주요모음 'e'를 생략하고 'ui'로만 표기한다. 이는 'ui'로만 표기해도, [u]에서 [ɪ]로 입과 혀의 위치가 옮겨가는 가운데 실제로 'uei'의 소리가 나기 때문이다.

- 'ui' 표기와 관련하여 생략된 주요모음인 'e'가 'iao'와 'uai'의 'a'처럼 분명하게 드러나지는 않는 현상을 자주 목격할 수 있다. 특히 1성과 2성을 발음할 때 'e'음은 상대적으로 더욱 약하게 들린다.[2]

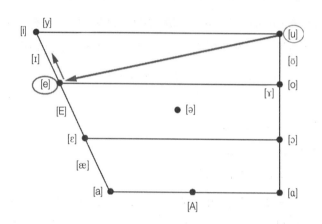

② 주의사항
- 한국인들은 'uei(-ui)'를 '우에이', '외이', '웨이' 내지는 '우이' 등으로 잘못 발음하기도 한다.
- 운두 [u]를 짧지만 정확하게 발음해야 하고 'ei'가 절대로 '에이'가 아님에 주의하자.

③ 연습방법
- 'u'와 'ei'의 발음요령은 Chapter2와 Chapter3을 참조하기 바람.
- 'u'를 발음할 때 혀끝을 혀 밑 말랑말랑한 부분에 대고 입을 쭉 내밀어줘야 하는 것에 신경 쓴다.

---

2) 본 chapter 1)번 각주 및 J.노먼, 《중국언어학총론》, 210쪽 참조.

- [u]음을 짧게 낸 다음 입모양을 '원순'에서 '평순'으로 전환하며 우리말 '에'음을 발음하다가, 입을 살짝 닫으면서 우리말 '이'를 가볍게 내면 'uei' 발음이 완성된다. 단 운미 'i'를 발음할 때 지나치게 긴장하여 [i] 소리가 나게 해서는 절대로 안 된다.

- '성모+ui'의 상황에서는 별도로 다음과 같은 연습방법을 제시한다. 먼저 [u]를 짧게 발음하고 [ɪ]를 향해 입모양과 혀의 위치를 천천히 변화시켜 본다. 그러면 중간쯤에서 'e'에 해당하는 과도음이 스치듯 발음되는 것을 경험할 수 있다. '성모+iu'의 경우와 마찬가지로, 상황에 따라 생략된 주요모음('e')의 강약이 다르게 구현되는 것을 자연스럽게 익힐 수 있다.

- [u] - [e] - [e] - [ɪ] 혹은 [u] - 과도음 - [ɪ]와 같은 느낌으로 연습해본다.

④ 듣고 따라 읽기 ◀)) 9-4

    uēi(wēi)   duì   guǐ

    cf) mui(X), bui(X), nui(X)

※ 'uei' 앞에 다른 성모가 나오지 않을 경우에는 'u'를 'w'로 고쳐서 적는다. 성모와 결합할 때는 'ui'로 적고 성조는 'i'위에 붙인다. 'ui'는 d, g 이외에도 t, k, h, z, c, s, zh, ch, sh, r 등의 성모와 결합할 수 있다.

1. iɑo

IPA	입모양(앞)	입모양(측면)		핵심 비법
	평순 → 원순	혀끝	아랫니 뒤 → 혀 밑 말랑말랑 부분	
[iɑʊ]				'입꼬리 힘, 입술 평평' 우리말 '이'(짧지만 정확하게) ↓ 입을 크게 벌리면서 '아'를 길고 뚜렷하게 ↓ 우리말 '우'를 발음하는 입모양만 취한다는 기분으로 입을 가볍게 오므린다.
				[i̯] - [ɑ] - [ɑ] - [ʊ]

2. iou(-iu)

IPA	입모양(앞)	입모양(측면)		핵심 비법
[iəʊ]	평순 → 원순	혀끝	아랫니 뒤 → 혀 밑 말랑말랑 부분	[성모가 없는 경우(you)] '입꼬리 힘, 입술 평평' 우리말 '이'(짧지만 정확하게)

IPA	입모양(앞)	입모양(측면)	핵심 비법
[iəʊ]			↓ 단운모 'o'의 입모양 우리말 '어' ↓ 입을 살짝만 더 모으면서 짧게 우리말 '우'
			[성모가 있는 경우(-iu)] 운두 [i]와 운미[ʊ]를 부드럽게 연결하면서 중간에 과도음 (생략된 주요모음 'o')이 나타나게 한다.
			① 'you' : [i]-[ə]-[ə]-[ʊ] ② '-iu' : [i]-과도음-[ʊ]

3. uɑi

IPA	입모양(앞)	입모양(측면)		핵심 비법
[uɑɪ]	원순 → 평순	혀끝	혀 밑 말랑말랑 부분 → 아랫니 뒤	입술 앞으로 쭉 우리말 '우'(짧지만 정확하게, 어금니는 붙지 않음)
				↓ 입을 가급적 크게 벌리고 우리말 '아' 길고 분명하게 ↓ 긴장 풀며 우리말 '에' 입을 다무는 관성의 작용으로 [ɪ]음이 나게 됨

제9강 삼중모음운모(iɑo, iou, uɑi, uei) 127

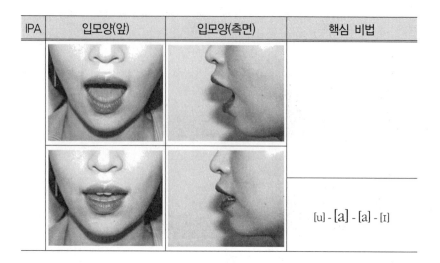

IPA	입모양(앞)	입모양(측면)	핵심 비법
			[u] - [a] - [a] - [ɪ]

4. uei(-ui)

IPA	입모양(앞)	입모양(측면)		핵심 비법
[ueɪ]	원순 → 평순	혀끝	혀 밑 말랑말랑 부분 → 아랫니 뒤	[성모가 없는 경우(wei)] 입술 앞으로 쭉 우리말 '우'(짧지만 정확하게, 어금니는 붙지 않음) ↓ 우리말 '에' 단, 3, 4성에서는 다소 길게 ↓ 입을 살짝 닫으면서 우리말 '이' 가볍게 단, 어금니가 붙지 않아야 하고, [i]만큼 입이 옆으로 벌어져서는 안 됨

IPA	입모양(앞)	입모양(측면)	핵심 비법
			[성모가 있는 경우(-ui)] 운두 [u]와 운미[ɪ]를 부드럽게 연결하면서 중간에 과도음(생략된 주요모음 'e')이 나타나게 한다.
			① 'wei' : [u]-[e]-[e]-[ɪ] ② '-ui' : [u]-과도음-[ɪ]

1. 큰소리로 따라 읽으며 소리를 분별해보세요. ◀》 9-5

   yāo / yōu   miào / miù   niǎo / niǔ

   diāo / diū   wāi / wēi   guài / guì

2. 발음을 듣고 큰소리로 따라 읽으세요.

   ※ 배운 운모에 특별히 주의하고 안 배운 발음은 녹음을 따라 읽으세요.(본
   Chapter부터 음절이 아니라 단어로 학습함)

   ① iao([iaʊ]) ◀》 9-6

bǐjiào 비교하다	huáqiáo 화교	jiàoshì 교실
liǎojiě 알다, 이해하다	miáotiao 날씬하다	piàoliang 예쁘다
shǒubiǎo 손목시계	tiàowǔ 춤을 추다	xiāngjiāo 바나나

② iou, iu([iəʊ]) 🔊 9-7

diūdiào 잃어버리다.	hǎojiǔ (시간이) 오래다	hàixiū 부끄러워하다
lánqiú 농구	niúnǎi 우유	péngyou 친구
yóujiàn 우편물, 메일	yóuyǒng 수영하다	zuǒyòu 좌우, 가량

③ uai([uaɪ]) 🔊 9-8

gǎnkuài 황급히, 재빨리	huàidàn 나쁜 놈, 몹쓸 놈	kuàizi 젓가락
liángkuai 시원하다	qíguài 이상하다	shuài 잘생기다, 멋지다
wàiguó 외국	yúkuài 유쾌하다, 기쁘다	yìwài 이외, 이상, 밖

④ uei, ui([ueɪ]) 🔊 9-9

duìbuqǐ 미안합니다	huídá 대답하다	jīhuì 기회
Ruìshì 스위스	shuǐguǒ 과일	shuìjiào 잠을 자다
wèi shénme 무엇 때문에	zhēnguì 진귀하다	zuìjìn 최근, 요즈음

3. 다음 녹음을 듣고 음절 속에 포함된 운모를 적어보세요. 🔊 9-10
   (※ 성조 포함)
   ① b____shì (표시하다)　　　② _____jú (우체국)
   ③ zúq____ (축구)　　　　　　④ k____lè (즐겁다)
   ⑤ w____mian (바깥)　　　　　⑥ fǎnd____ (반대하다)

※ 배운 발음에 특별히 주의하고 안 배운 발음은 녹음을 따라 읽으세요.

Zhè shì shénme? / Nà　　　　　이것은 무엇입니까? / 저것

Zhè shì xiāngjiāo. / shǒubiǎo　　이건 바나나예요. / 손목시계

Zhè ge duōshao qián?　　　　　이거 얼마죠?

Bā kuài wǔ. / Liùshíjiǔ (kuài　　8.5위안입니다. / 69위안입니다.
혹은 yuán).

Tài guì le. piányi diǎnr, hǎo ma?　너무 비싸요, 좀 싸게 해주시면
　　　　　　　　　　　　　　안 돼요?

Hǎo. / Bù xíng.　　　　　　　좋습니다. / 안 돼요.

Yǒu méiyǒu piányi diǎnr de?　　좀 더 싼 것은 없나요?

Yǒu. / Méiyǒu.　　　　　　　있습니다. / 없어요.

제**10**강 설첨음(d, t, n, l)

Part1 원리 이해

1. 설첨음 'd'

'입문'편에서 미리 살펴본 'd'음을 본격적으로 학습해보자.

① 발음 원리

- [t] : 설첨(舌尖, 혀끝)을 윗잇몸에 갖다 대고 입안의 공기를 막았다가 터뜨리면서 내는 소리로, 파열음(중국어로는 '塞音' 혹은 '爆破音')이 자 불송기음이다.
- 폐에서 목을 거쳐 입안에 도달한 공기를 설첨과 윗잇몸이 만나는 부분에서 완전히 막으면, 혀 모양은 수저처럼 오목해지고 공기가 혀와 입천장 사이에서 갇히게 되는 것을 확인할 수 있다.
- 불송기음이므로 공기를 강하게 내뿜지는 말아야 한다.

② 주의사항

- 한국인들은 'd'를 우리말 'ㄷ'음에 해당한다고 생각하기 쉽다.
- 한국어 초성 'ㄷ'음 역시 IPA로는 [t]이기 때문에 비슷한 소리일 수는 있다. 그러나 중국어 성모 'd'는 우리말 'ㄷ'에 비해서 보다 '진하게' 발음되어 우리말의 'ㄸ'과 비슷하게 소리 난다.
- 일부 교재에서는 1성과 4성에서는 'ㄸ'으로 2성과 3성에서는 'ㄷ'으로

발음된다고 설명하고 있다. 그러나 2, 3성에서는 성조의 영향으로 자연스럽게 소리가 약화되는 것일 뿐이므로 일부러 'ㄷ'으로 낼 필요는 없다. 또한 'ㄷ'으로 내도록 지도하면 학생들이 자칫 현대중국어 첫 음절에는 등장하지 않는 유성자음 [d]로 발음할 우려도 있다.

- 원리에 입각하여 공기를 확실히 막았다가 제대로 파열시키는 방식으로 발음하도록 신경 쓴다.
- 여러 음절의 단어에서, 앞 음절 모음 혹은 비음 운미(-n, -ng)의 영향으로 간혹 유성자음 [d]로 발음되기도 한다. 이런 음운변화 현상은 비교적 자연스럽게 이루어진다. ex) huídá 대답하다

③ 연습방법
- 먼저 우리말 '은'을 발음하는 것을 떠올리며 입안의 공기를 혀끝과 윗잇몸으로 막는다.
- 순식간에 공기를 파열시키면(윗잇몸에서 혀끝을 뗌) 우리말 'ㄸ'에 가까운 소리가 나게 된다.
- 성모 연습 단계에서는 'd'를 'e([ɤ])'와 결합시켜 'dē'라고 발음한다.

④ 듣고 따라 읽기 🔊 10-1
　　dē　　dá　　dǐ　　dù
　　cf) do(X), dü(X)

2. 설첨음 't'
① 발음 원리
- [t'] : 'd'와 발음위치와 파열음이라는 속성이 같다. 다만 '송기음'이라는 점이 'd'와 다르다.

- 따라서 'd'와는 달리 공기를 강하게 내뿜어야 한다.

② 주의사항
- 우리말 'ㅌ'과 거의 유사하다.
- 다만 송기가 부족해서 'd'로 발음되지 않도록 주의하자.

③ 연습방법
- 먼저 우리말 '읕'(실제로는 '은'과 차이가 없다)을 발음하는 것을 떠올리며 입 안의 공기를 확실히 막는다.
- 막았던 공기를 순식간에 터뜨리면서 'ㅌ'음을 낸다.
- 성모 학습 단계에서 't'는 'tē'라고 읽는다.

④ 듣고 따라 읽기 🔊 10-2

    tē   tǎ   tí   tù

    cf) to(X), tü(X)

3. 설첨음 'n'

'입문'편에서 미리 살펴본 'n'음을 본격적으로 학습해보자.

① 발음 원리
- [n] : 설첨을 윗잇몸에 갖다 대고 공기를 막는 것은 'd', 't'와 같다. 다만 'd', 't'가 파열음인 것과는 달리 'n'은 비음이다.
- 비음의 발음 원리는 구강의 공기 흐름을 막은 상태에서 연구개를 내려 공기가 비강으로 흐르게 하는 것이다. 쌍순음 'm'과 공기를 막는 위치만 다를 뿐 기타 발음 원리는 같다.

② 주의사항

- 'n'은 우리말 'ㄴ'음과 유사하다.
- 다만 'ㄴ'음을 낼 때 혀끝을 윗잇몸에 대지 않고 윗니 뒤에 대거나, 심지어는 영어 th([θ])음을 낼 때처럼 혀끝을 위·아랫니로 살짝 무는 사람들이 간혹 보이는데, 중국어 'n'음은 절대로 이렇게 내서는 곤란하다.
- 설첨음의 발음 위치가 윗잇몸이라는 사실을 꼭 명심하자.

③ 연습방법

- 혀끝을 윗잇몸에 대고 우리말 '은' 발음을 떠올리며 입으로 공기가 나가는 것을 확실히 막는다.
- 그 상태에서 성대를 진동시켜 소리가 코 방향으로 흐르도록 유도한다.
- 마지막으로 뒤에 모음을 붙이면 성모 'n'의 소리가 완성된다.
- 성모 학습 단계에서 'n'은 'nē'라고 읽는다.

④ 듣고 따라 읽기 🔊 10-3

  nē   nà   ní   nǔ   nǚ
  cf) no(X)

4. 설첨음 'l'

① 발음 원리

- [l] : 설첨을 윗잇몸에 갖다 대는 점은 'd', 't', 'n'과 같지만, 'l'은 **변음**(邊音)으로 입으로 나가는 공기를 완전히 막지는 않는다.
- 혀끝을 세워서 윗잇몸에 대고 혀의 양쪽 측면으로 공기가 흘러나가도록 하면서 발음한다.[3]
- 성대를 진동시켜서 발음하는 것은 'm', 'n'과 같지만, 입으로 공기가

나오는 것에 있어서 비음들과는 성격을 달리한다.

② 주의사항
- 'l'을 한국인들은 우리말 'ㄹ'음과 같다고 단순하게 생각하기 쉽다.
- 그러나 한국인들은 'l'음을 낼 때 혀끝으로 윗잇몸을 제대로 누르지 않는 경향이 있다.[4] 우리말 '라면'의 '라'를 발음해보고 혀끝이 윗잇몸이 아니라 살짝 뒤로 가 있는 것이 느껴진다면, 이때의 'ㄹ'은 [l]이 아니라 [ɾ]임을 알아야 한다.
- 따라서 중국어 'l'음을 낼 때에는 혀끝으로 윗잇몸을 누르는 것에 특별히 더 신경을 써야 한다.

③ 연습방법
- 먼저 혀끝을 윗잇몸에 확실히 갖다 대고, 우리말 '을'을 발음하는 상태를 떠올려본다.
- 그 상태에서 성대를 진동시키면서 소리가 입 밖으로 새어 나오는 것을 확인한다.
※ 손을 갖다 대어보면, 'm'과 'n'은 코에서 공기가 나오고 'l'은 입에서 공기가 나오는 것을 확인할 수 있다.
- 마지막으로 뒤에 모음을 붙이면 성모 'l'의 소리가 완성된다.
- 성모 학습 단계에서 'l'은 'lē'라고 읽는다.

④ 듣고 따라 읽기 🔊 10-4

lē　　lā　　lo　　lí　　lù　　lǚ

---

3) 이와 같은 이유로 변음은 '流音'이라고도 부른다.
4) 仇鑫奕,《外國人漢語發音訓練》, 169쪽.

1. d와 t

IPA	위치	성격	측면도	핵심 비법
[t] [tʰ]	혀끝 ▶ 윗잇몸	파열음		'읃' 발음 연상 → 파열 ≒ 우리말 'ㄸ' : 'd' '읕' 발음 연상 후 우리말 'ㅌ' : 'tʰ'
		공기 막았다 터뜨림		

2. n과 l

IPA	위치	성격	측면도	핵심 비법
[n]	혀끝 ▶ 윗잇몸	비음		'은' 발음 연상 ↓ 우리말 'ㄴ' : 'n'
		공기가 입이 아닌 코로		
[l]		변음		'을' 발음 연상 ↓ 우리말 'ㄹ' : 'l'
		공기가 혀의 양쪽 측면으 로		

1. 큰소리로 따라 읽으며 소리를 분별해보세요. 🔊 10-5

dē / tē / nē / lē   dǎ / tǎ / nǎ / lǎ

dí / tí / ní / lí   dù / tù / nù / lù   nǚ / lǚ

2. 발음을 듣고 큰소리로 따라 읽으세요.

※ 배운 발음에 특별히 주의하고 안 배운 발음은 녹음을 따라 읽으세요.

① d([t]) 🔊 10-6

dàgài 아마도, 대개	dǎkāi 열다, 풀다	dúshū 독서, 공부하다
càidān 메뉴, 식단	chàbuduō 비슷하다	fǎnduì 반대하다
gǎndào 느끼다, 여기다	jiǎndān 간단하다	juéde ~라고 느끼다

② t([t']) 🔊 10-7

tiānqì 날씨	tiáojiàn 조건	tǎolùn 토론
chuántǒng 전통	dìtú 지도	diàntī 엘리베이터
hǎotīng 듣기 좋다	mántou 찐빵	wèntí 문제

③ n([n]) 🔊 10-8

nánguò 괴롭다	nèiróng 내용	nuǎnhuo 따뜻하다
jīnnián 올해, 금년	kěnéng 가능하다/ 아마도	kùnnan 곤란, 애로
míngnián 내년	qùnián 작년	niúnǎi 우유

④ l([l]) 🔊 10-9

lāmiàn 수타면	liánxì 연락하다	lǎohǔ 호랑이
běnlái 본래	chúle ~을 제외하고	duànliàn 단련하다
hòulái 그 뒤, 그 후	kuàilè 즐겁다, 행복하다	měilì 예쁘다, 곱다

3. 다음 녹음을 듣고 음절 속에 포함된 성모를 적어보세요. 🔊 10-10

① __āngrán (당연히, 물론)　　② pǔ__ōnghuà (보통화)

③ xīn__ián (새해)　　④ yuè__iang (달)

⑤ __iàn__ǎo (컴퓨터)

Part4 생활 회화　　　　🔊 10-11

※ 배운 발음에 특별히 주의하고 안 배운 발음은 녹음을 따라 읽으세요.

Nǐ zài nǎ ge dàxué niànshū?　　어느 대학 다니세요?
Wǒ zài Dàhán Dàxué niànshū.　　저는 대한 대학에서 공부하고 있습니다.

Nǐ shì nǎ ge zhuānyè? Jǐ niánjí　　전공이 뭐죠? 몇 학년이에요?
de xuésheng?
Wǒ shì zhōngwénxì sān niánjí de　　저는 중문과 3학년 학생입니다.
xuésheng.
(lìshǐxì / fǎxuéxì / huàxuéxì / tǐyùxì)　　(사학과/ 법학과/ 화학과/ 체육과)

Tà shì wǒ de tóngbān tóngxué.　　그는 저와 같은 반 급우입니다.

Chapter 6
대비음운모(N)ㅣ, 설근음

제11강 대비음운모(N) I (an, en, ün, in)

중국어에는 우리말의 '종성(終聲)' 내지 '받침'의 개념이 없다. 대신 단운모나 이중모음운모에 비음 'n' 혹은 'ng'가 결합하여 '비음을 대동하는 운모', 즉 '대비음운모(帶鼻音韻母)'를 이루게 된다. 이 '대비음운모'에 관해서 한국인들은 '-ㄴ' 받침 혹은 '-ㅇ' 받침과 유사하다고 생각하기 쉽다. 그러나 실제 발음은 그렇게 이루어지지 않고, 그런 오해로 말미암아 중국인들의 발음과 멀어지는 상황이 흔히 발생한다. 따라서 대비음운모를 본격적으로 학습하기에 앞서 우리말 받침과는 발성 원리가 완전히 다르다는 사실을 미리 염두에 두길 당부한다.

Part1 원리 이해

1. 대비음운모 'an'

① 발음 원리

- [an] : 단모음 'a'와 운미 'n'의 결합이다.
- 성모 'n'과 운미 'n'의 발음위치는 사실상 같고, 혀의 위치로는 '전설(前舌)'에 해당된다.
- 운미 'n'의 영향으로 'a'도 본래 음인 [A]에서 전설모음화하여 [a]로 바뀐다.
- 주요모음 [a]를 길고 분명하게 발음한 다음 'n'운미를 짧게 붙인다.

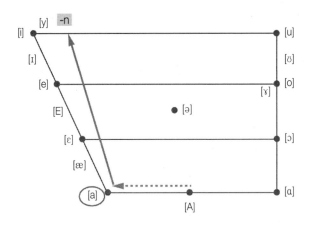

② 주의사항

- 우리말 '안'과 비슷하다.

- 다만 한국인들이 평상시 '안'을 발음하는 것을 살펴보면, 입을 그다지 크게 벌리지 않는다. 중국어 'an'의 주요모음 'a'를 발음할 때는 입을 가급적 크게 벌려야 한다.

- 한국인들은 '-ㄴ' 받침을 발음함에 있어서, 간혹 혀끝을 윗잇몸에 대지 않고 윗니 뒤에 대거나, 영어 th([θ])음을 낼 때처럼 혀끝을 위·아랫니로 살짝 물기도 하는데, 중국어 운미 'n'을 그렇게 발음해서는 곤란하다. 성모 'n'이든 운미 'n'이든 '혀끝-윗잇몸'을 반드시 명심하자.

③ 연습방법

- 먼저 'n' 운미를 연습해본다. 우리말 '은'을 짧게 발음하되 혀끝이 윗잇몸에 정확히 달라붙게 되는지, 소리가 입이 아니라 코로 흘러나오는지를 꼭 확인해야 한다.

- [a]를 발음하기 위해서 혀끝을 아랫니 뒤에 댄 다음 가급적 입을 크게 벌리고 우리말 '아'를 길게 발음한다.

- 다음으로 앞에서 연습한 운미 'n(은)'을 짧게 붙이면 대비음운모 'ɑn'
  이 완성된다.
- [a] - [a] - [n]와 같은 느낌을 살려본다.

④ 듣고 따라 읽기 🔊 11-1

　　ān　　　mán　　　bǎn　　　nàn　　　dǎn　　　gàn

2. 대비음운모 'en'

① 발음 원리

- [ən] : 단모음 'e'와 운미 'n'의 결합이다.
- 운미 'n'의 영향으로 'e'의 발성위치가 조금 더 앞과 밑으로 이동하여
  [ɤ]가 아니라 설면앙중불원순모음(舌面央中不圓脣元音) [ə]로 발음된
  다. 이는 후설모음 [ɤ]에서 전설 위치에 해당하는 'n' 운미로 발음을
  이동하기가 상당히 어렵기 때문이다.
- 주요모음 [ə]를 길고 분명하게 발음한 다음 'n'운미를 짧게 붙인다.

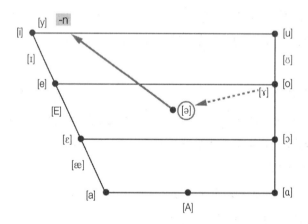

② 주의사항

- 우리말 '언'과 비슷하다.
- 다만 한국인들이 중국어 'en'을 발음하는 것을 살펴보면, **입을 절반 정도까지 충분히 벌리지 않는 것을** 쉽게 발견하게 된다. 또한 'an'에서 설명한 것처럼 운미 'n'의 발음위치가 부정확한 경우도 많다.
- 중국인들 가운데에도 'en'을 발음할 때 입을 절반 정도까지 벌리지 않는 경우가 흔히 있다. 다행히 비슷한 발음이 없기 때문에 변별에는 큰 문제가 없지만, 표준발음은 분명 아니므로 학습자들이 따라하지 않기를 권한다.

③ 연습방법

- 혀끝을 아래 잇몸의 하부에 둔 다음, 긴장을 풀고 입을 가급적 크게 벌리며 우리말 '어'를 발음한다. 그렇게 나는 소리가 바로 [ə]음이다.
- [ə]를 길게 발음한 다음, 앞에서 연습한 운미 'n(은)'을 짧게 붙이면 대비음운모 'en'이 완성된다.
- [ə] - [ə] - [n]와 같은 느낌을 살려본다.

④ 듣고 따라 읽기 🔊 11-2

　　ēn　　　mén　　　běn　　　nèn　　　dèn　　　gēn

3. 대비음운모 'ün'

① 발음 원리

- [yn] : 단모음 'ü'와 운미 'n'의 결합이다.
- [y]는 원순모음이지만 운미 'n'은 일반적으로 원순의 상태에서 발음되지 않는다. 따라서 발음이 끝날 때에는 평순의 상태가 나타난다. 또한 혀끝

이 [y]를 발음할 때에는 아랫니 뒤에 위치했다가 'n' 운미를 발음하기 위해서 윗잇몸으로 이동하게 된다. 경우에 따라 이 과정에서 자연스럽게 [ə]를 지향하는 듯한 소리가 살짝 곁들여질 수 있다.

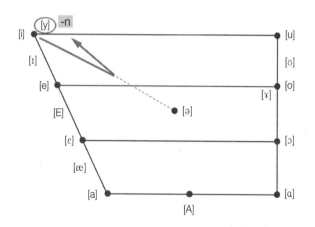

- 음운학적으로 [y]는 운두로, 짧지만 정확하게 발음해야 한다. [y]가 발음된 직후 입모양과 혀끝 위치에 변화가 생기면서 미세하게나마 과도음(過渡音)이 나타나고 끝에 운미 'n'이 달라붙으면서 [yn]이 완성된다.

② 주의사항
- 'ün'을 한국인들은 우리말 '윈'으로 발음하기 쉽다.
- 그러나 중국어 'ün'은 절대로 'ㅜ+ㅣ+ㄴ'이 단숨에 발음되는 방식을 따르지 않는다.
- 반드시 [y]음이 정확하게 난 다음 운미 'n'으로 전개되어야 한다.
- 운미 'n'과 관련하여 '혀끝-윗잇몸'에 주의하자.

· 일부 교재에서는 'ün'의 발음을 [yən]이라고 표기하여 마치 설면앙중불원순모
  음(舌面央中不圓脣元音) [ə]가 뚜렷하게 발음되는 것처럼 설명하고 있다. 그러
  나 중국인들의 발음을 들어보면, 실제로는 [ə]에 해당하는 음이 그렇게 강하게
  들리지는 않는다.
· 중국인들 가운데에는 [y]를 발음한 후 입모양을 그대로 유지한 채 혀끝만 윗잇
  몸에 붙이는 경우도 있다. 이 발음도 충분히 통용될 수 있는 발음이기는 하나,
  운미 'n'은 평순의 상태에서 발음하는 것이 더욱 자연스럽게 때문에 위에서 설
  명한 방식대로 발음할 것을 권장한다.

③ 연습방법

- [y]의 발음요령은 Chapter2를 참조하기 바람.

- [y]를 짧지만 정확하게 발음한 다음 입모양을 살짝 풀면서 앞에서 연습한
  운미 'n(은)'을 짧게 붙이면 대비음운모 'ün'이 완성된다.

- [y] - 과도음(입모양 변화) - [n]과 같은 느낌을 살려본다.

④ 듣고 따라 읽기 🔊 11-3

　　ǖn(yūn)

　　cf) nün(X), mün(X), bün(X), dün(X), gün(X)

※ 한어병음 표기법상 성모 없이 발음될 때는 ün을 yun으로 표기한다. ün과 결합
  할 수 있는 성모로는 앞으로 배울 j, q, x 세 가지밖에 없다. 또한 j, q,
  x와 결합할 때에는 ü를 u로 고쳐 jun, qun, xun과 같이 표기한다.

4. 대비음운모 'in'

① 발음 원리

- [in] : 단모음 'i'와 운미 'n'의 결합이다.

- 'ün'에서 설명한 것과 마찬가지로, 혀끝이 'i((i))'를 발음할 때는 아랫니 뒤에 위치했다가 'n' 운미를 발음하기 위해서 윗잇몸으로 이동한다. 따라서 'in' 역시 경우에 따라 발음 과정에서 자연스럽게 [ə]를 지향하는 듯한 소리가 살짝 곁들여질 수 있다.

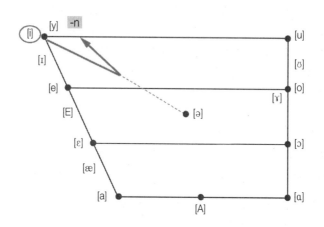

- 음운학적으로 [i] 역시 운두로, 짧지만 정확하게 발음해야 한다. [i]가 발음된 직후 마찬가지로 입모양과 혀끝 위치에 변화가 생기면서(단 [yn]에 비해서는 입모양의 변화가 상대적으로 경미하다) 미세하게나마 과도음이 나타나고 끝에 운미 'n'이 달라붙으면서 [in]이 완성된다.

② 주의사항
- 한국인들은 'in'을 단순히 우리말 '인'으로 발음하기 쉽다.
- 하지만 중국인들의 'in'을 들어보면 '인'과는 약간 다름을 어렵지 않게 느낄 수 있다.
- 우선 [i]음과 관련하여 '입꼬리 힘, 입술 평평'을 신경 써야 하는 점이 다르다.

- 또한 중국인들은 대체로 우리말 '인'처럼 단숨에 발음하지 않는다. 반드시 [i]음이 정확하게 난 다음 운미 'n'으로 전개되어야 한다.
- 운미 'n'과 관련하여 '혀끝-윗잇몸'에 주의한다.

김쌤의 발음 Talk

· 일부 교재에서는 [iən]이라고 표시하여 마치 설면앙중불원순모음 [ə]가 뚜렷하게 발음되는 것처럼 설명하고 있다. 그러나 중국인들의 발음을 들어보면 [ə]가 그렇게 강하게 들리지는 않는다.

· 일부 중국인들의 'in' 발음에서는 [ə]를 지향하는 음이 거의 안 들리는 경우도 있다. 이는 사실상 [i]와 운미 [n]의 혀 위치가 아주 가까워 해당 음이 거의 생략되기 때문이다. 이 발음 역시 가능하나 운미 [n]의 발음을 일관되고 정확하게 내기 위해서는 가급적 앞에서 설명한 방식으로 발음하기를 권한다.

---

③ 연습방법
- [i]의 발음요령은 Chapter2를 참조하기 바람.
- [i]를 짧지만 정확하게 발음한 다음, 입의 긴장을 풀면서 앞에서 연습한 운미 'n(은)'을 짧게 붙이면 대비음운모 'in'이 완성된다.
- [i] - 과도음(입 긴장 풀기) - [n]과 같은 느낌을 살려본다.

④ 듣고 따라 읽기 🔊 11-4

    īn(yīn)   mǐn   bìn   nín

    cf) din(X), gin(X)

※ 한어병음 표기법상 성모 없이 단독으로 발음될 때는 i 앞에 y를 붙여준다. in과 결합할 수 있는 성모로는 m, b, n 이외에도 p, l, j, q, x가 더 있다.

1. an

IPA	입모양(앞)	입모양(측면)		핵심 비법
[an]	평순	혀끝	아랫니 뒤 → 윗잇몸	입을 가급적 크게 벌리고 우리말 '아'를 길고 분명하게 ↓ 입을 다물면서 우리말 '은' 짧게 ☞ N계열 대비음운모의 발음을 끝냈을 때, 혀끝이 윗잇몸에 붙어 있는지 반드시 확인할 것!
				[a] - [a] - [n]

2. en

IPA	입모양(앞)	입모양(측면)		핵심 비법
[ən]	평순	혀끝	아래 잇몸 하단 → 윗잇몸	긴장을 풀고 입을 가급적 크게 벌리고 우리말 '어'를 길고 분명하게 ↓ 입을 다물면서 우리말 '은' 짧게

IPA	입모양(앞)	입모양(측면)	핵심 비법
			[ə] - [ə] - [n]

3. ün

IPA	입모양(앞)	입모양(측면)		핵심 비법
	원순→평순	혀끝	아랫니 뒤 → 윗잇몸	
[yn]				'ü'음 짧지만 정확하게 ↓ 입모양을 살짝 풀면서 우리말 '은' 짧게
				[y]-과도음(입모양 변화)-[n]

4. in

IPA	입모양(앞)	입모양(측면)		핵심 비법
[in]	평순	혀끝	아랫니 뒤 → 윗잇몸	'입꼬리 힘, 입술 평평' 우리말 '이' 짧지만 정확하게

IPA	입모양(앞)	입모양(측면)	핵심 비법
			↓ 입의 긴장을 풀면서 우리말 '은' 짧게
			[i]-과도음(입 긴장 풀기)-[n]

1. 큰소리로 따라 읽으며 소리를 분별해보세요. 🔊 11-5

    ān / ēn   mán / mén   bǎn / běn   nàn / nèn

    dàn / dèn   gān / gēn   yīn / yūn

2. 발음을 듣고 큰소리로 따라 읽으세요.

   ※ 배운 운모에 특별히 주의하고 안 배운 발음은 녹음을 따라 읽으세요.

① an([an]) 🔊 11-6

ānjìng 조용하다	bànfǎ 방법, 수단	cānjiā 참가하다
chīfàn 밥을 먹다	gǎnxiè 감사하다	hánjià 겨울방학
hǎokàn 아름답다	mǎnyì 만족하다	ránhòu 그 다음에

② en([ən]) 🔊 11-7

běnlái 본래, 원래	biérén 다른 사람	dǎzhēn 주사를 놓다
jīngshen 활기차다	ménkǒu 입구, 현관	rénmínbì 런민비
rènshi 알다, 인식하다	shénme 무엇	shēntǐ 몸, 건강

③ ün([yn]) 🔊 11-8

hǎoyùn 행운	jūnrén 군인	Lǔ Xùn 루쉰
qúnzi 치마, 스커트	yùndòng 운동	yīngjùn 핸섬하다

※ 성모 j, q, x가 'ün'과 결합하면 위의 점 두 개를 떼고 jun, qun, xun과 같이 표기한다.

④ in([in]) 🔊 11-9

dānxīn 걱정하다	diǎnxin 간식/ 딤섬	duǎnxìn 문자 메시지
fùjìn 부근, 근처	gōngjīn 킬로그램	jīntiān 오늘
lùyīn 녹음하다	sēnlín 삼림, 숲	yínháng 은행

3. 다음 녹음을 듣고 음절 속에 포함된 운모를 적어보세요. 🔊 11-10
(※ 성조 포함)

① càid____ (메뉴) ② zh____de (정말로)

③ zīx____ (자문하다, 상의하다) ④ xiāngx____ (믿다)

⑤ s____bù (산보하다) ⑥ q____r____ (가족)

※ 배운 발음에 특별히 주의하고 안 배운 발음은 녹음을 따라 읽으세요.

Tán lǎoshī (zuìjìn) shēntǐ zěnmeyàng？　　탄 선생님은 (요즘) 건강이 어떠세요?

(Tā shēntǐ) Hěn hǎo / Hái kěyǐ /　　　좋습니다. / 그저 그래요. /
　Bú tài hǎo.　　　　　　　　　　　　　별로 안 좋으세요.

Jīntiān tiānqì zěnmeyàng？　　　　　　오늘 날씨 어때요?

Tā rén zěnmeyàng？　　　　　　　　　그 사람 사람됨이 어때요?

Zhù nǐ hǎoyùn!　　　　　　　　　　　행운을 빕니다.

제12강 설근음(g, k, h)

1. 설근음 'g'

'입문'편에서 미리 살펴본 'g'음을 본격적으로 학습해보자.

① 발음 원리

- [k] : 설근(舌根)(혀뿌리)을 연구개에 접근시켜 입안의 공기를 완전히 막았다가 터뜨리면서 내는 소리로, 파열음(중국어로는 '塞音' 혹은 '爆破音')이자 불송기음이다.
- 불송기음이므로 공기를 강하게 내뿜지는 말아야 한다.

② 주의사항

- 한국인들은 'g'를 우리말 'ㄱ'음에 해당한다고 생각하기 쉽다.
- 한국어 초성 'ㄱ'음 역시 IPA로는 [k]이기 때문에 비슷한 소리일 수는 있다. 그러나 중국어 성모 'g'는 우리말 'ㄱ'에 비해서 보다 '진하게' 발음되어 우리말의 'ㄲ'과 비슷하게 소리 난다.
- 일부 교재에서는 1성과 4성에서는 'ㄲ'으로 2성과 3성에서는 'ㄱ'으로 발음된다고 설명하고 있다. 그러나 2, 3성에서는 성조의 영향으로 자연스럽게 소리가 약화되는 것일 뿐이므로 일부러 'ㄱ'으로 낼 필요는 없다. 또한 'ㄱ'으로 내도록 지도하면 학생들이 자칫 현대중국어 첫 음절에는

등장하지 않는 유성자음 [g]로 발음할 우려도 있다.

- 원리에 입각하여 공기를 확실히 막았다가 제대로 파열시키는 방식으로 발음하도록 신경 쓴다.

- 여러 음절의 단어에서, 앞 음절 모음 혹은 비음 운미(-n, -ng)의 영향으로 간혹 유성자음 [g]로 발음되기도 한다. 이런 음운변화 현상은 비교적 자연스럽게 이루어진다. ex) píngguǒ 사과

③ 연습방법

- 먼저 우리말 '윽'을 발음하는 것을 떠올리며 입안의 공기를 혀뿌리와 연구개로 완전히 막는다.

- 순식간에 공기를 파열시키면(연구개에서 혀뿌리를 뗌) 우리말 'ㄲ'에 가까운 소리가 나게 된다.

- 성모 연습 단계에서는 'g'를 'e([ɤ])'와 결합시켜 'gē'라고 발음한다.

④ 듣고 따라 읽기 ◀)) 12-1

    gē   gá   gǔ

    cf) gi(X), go(X), gü(X)

2. 설근음 'k'

① 발음 원리

- [k'] : 'g'와 발음위치와 파열음이라는 속성이 같다. 다만 'k'는 '송기음'이기 때문에 'g'와는 달리 공기를 강하게 내뿜어야 한다.

② 주의사항

- 우리말 'ㅋ'과 유사하다.

- 다만 송기가 부족해서 'g'로 발음이 되지 않도록 주의하자.

③ 연습방법
- 요령은 'g'와 거의 같다. 우리말 '윽'(실제로는 '윽'과 차이 없음)을 발음하는 것을 떠올리며 입안의 공기를 혀뿌리와 연구개로 완전히 막는다.
- 막았던 공기를 순식간에 터뜨리면서 'ㅋ'음을 낸다.
- 성모 학습 단계에서 'k'는 'kē'라고 발음한다.

④ 듣고 따라 읽기 🔊 12-2

    kē   kǎ   kù

    cf) ki(X), ko(X), kü(X)

3. 설근음 'h'

① 발음 원리
- [x] : 혀뿌리를 연구개로 들어 올리는 것은 'g'나 'k'와 같지만 마지막에 공기를 막지는 않는다. 'h'는 마찰음으로 혀뿌리와 연구개 사이의 좁은 틈으로 공기를 마찰시키면서 발음한다.

② 주의사항
- 한국인들은 'h'를 'ㅎ'에 해당한다고 단순하게 생각하기 쉽다.
- 그러나 중국어 'h'음은 우리말의 'ㅎ'과 완전히 같지는 않다. 가령 '후라보노', '한강', '호랑이' 등을 발음해보면, 'ㅎ'음이 결코 혀뿌리와 연구개 쪽에서 나지 않는 것을 쉽게 확인할 수 있다. 대체로 우리말 '흐느끼다'에서의 'ㅎ'음에 가까울 따름이므로 절대로 이 발음을 쉽게 생각해서는 안 된다.

- 원순모음과 결합할 때, 즉 'hu', 'huɑn', 'huɑng', 'hun', 'hong' 등을 발음할 때, 한국인들은 [x]음을 [h]음(연구개 쪽이 아니라 성문(聲門)에서 나는 소리임)으로 내는 경향이 특히 강하므로 주의를 요한다.[1)]

김샘의 발음 Talk

이밖에도 한국인들은 모음과 속칭 '나라마음'에 속하는 받침 'ㄴ', 'ㄹ', 'ㅁ', 'ㅇ([ŋ])' 뒤의 'ㅎ'음을 약화시켜서 발음하는 경향이 있다. 심지어 'ㅎ'음을 거의 탈락시켜 발음하는 경우도 있는데 다음은 그 대표적인 예들이다.

ex) 지하철 → [지아철], 전화 → [저놔], 금호 → [그모], 영화관 → [영와관], 일호선 → [이로선]

중국어의 'h'음은 절대로 이와 같이 발음되지 않는다. 예컨대 diànhuà(전화)를 diènuà([tiɛnuA])로 발음해서는 안 된다.

---

③ 연습방법
- 먼저 'k'를 연습할 때와 마찬가지로 우리말 '으'을 떠올린다. 그 다음 혀뿌리를 살짝 내려 마찰음을 만들어본다.[2)]
- 혀의 위치를 그대로 둔 상태에서 우리말 'ㅎ'음을 낸다.
- 성모 학습 단계에서 'h'는 'hē'라고 읽는다.

④ 듣고 따라 읽기 🔊) 12-3

  hē   há   hǔ

  cf) hi(X), ho(X), hü(X)

---

1) 仇鑫奕, 《外國人漢語發音訓練》, 179쪽.
2) 이와 유사한 방식으로 맹주억은 'k'를 길게 발음하면서 후반부를 연장시키는 요령을 제시한 바 있다.(맹주억, 《중국어발음》, 서울 : 동방미디어, 1996, 200쪽) 발음 원리에 있어서 본서의 방식과 일치하기 때문에 이 요령을 참조해도 좋다.

1. g와 k

IPA	위치	성격	측면도	핵심 비법
[k] [kʰ]	혀뿌리 ▶ 연구개	파열음 공기 막았다 터뜨림		'윽' 발음 연상 → 파열 늑 우리말 'ㄲ' : 'g' '윽' 발음 연상 후 우리말 'ㅋ' : 'k'

2. h

IPA	위치	성격	측면도	핵심 비법
[x]	혀뿌리 ▷ 연구개3)	마찰음 공기를 좁은 틈으로 세차게 밀어 냄		'윽' 발음 연상 ↓ 혀뿌리만 살짝 내리고 우리말 'ㅎ' : 'h'

1. 큰소리로 따라 읽으며 소리를 분별해보세요. 📢) 12-4

gē / kē / hē   gǎ / kǎ / hǎ   gù / kù / hù

---

3) 본서에서 기호 '▷'는 혀의 특정 부위가 조음장소로 근접하는 것을 가리킬 뿐이다.
'▶'처럼 조음장소에 닿아 공기를 막아서는 안 된다.

2. 발음을 듣고 큰소리로 따라 읽으세요.

※ 배운 발음에 특별히 주의하고 안 배운 발음은 녹음을 따라 읽으세요.

① g([k]) 🔊 12-5

gānjìng 깨끗하다	gǎnkuài 재빨리, 속히	gèzi 키
búguò 그런데	cānguān 참관하다	dàgài 대개
jiàgé 가격	píngguǒ 사과	zhàogù 보살피다, 돌보다

② k([k']) 🔊 12-6

kāishǐ 시작하다	kǎoshì 시험	késou 기침하다
dǎkāi 열다, 풀다	gāokǎo 중국의 대학입시	hǎokàn 보기 좋다, 예쁘다
jiànkāng 건강	líkāi 떠나다	qíngkuàng 상황, 정황

③ h([x]) 🔊 12-7

hēibǎn 칠판	háishi ~하는 편이 좋다	hǎochī 맛있다
àihào 취미, 애호	biànhuà 변화하다	chuānghu 창문, 창
jiéhūn 결혼	nuǎnhuo 따뜻하다	zuìhòu 최후, 끝

3. 다음 녹음을 듣고 음절 속에 포함된 성모를 적어보세요. 🔊 12-8

① __uójiā (국가)

② __òutiān (모레)

③ __uàngquánshuǐ (광천수)

④ shè__uì (사회)

⑤ yóu__è (관광객)

⑥ xí__uàn (습관/ 적응하다)

※ 배운 발음에 특별히 주의하고 안 배운 발음은 녹음을 따라 읽으세요.

Nǐ huì kāichē ma?　　　　　　운전할 줄 아세요?
(hē jiǔ / shuō Hànyǔ)　　　　(술 마실 줄 / 중국어를 말할 줄)

Wǒ huì / huì yìdiǎnr / bú huì.　할 줄 압니다/ 조금 할 줄 압니다
　　　　　　　　　　　　　　/ 못 해요.

Zhù nǐ shēntǐ jiànkāng.　　　건강하시길 축원 드립니다.

Zhù nǐ shēngrì kuàilè.　　　생일 축하해요!

Gōngxǐ gōngxǐ!　　　　　　축하합니다!

멋진 발음으로(Ⅱ)

- 중국민요 부르기

Mòlìhuā

Hǎo yì duǒ měilì de(di) mòlìhuā

Hǎo yì duǒ měilì de(di) mòlìhuā

Fēnfāng měilì mǎn zhīyā

Yòu xiāng yòu bái rénrén kuā

Ràng wǒ lái jiāng nǐ zhāixià

Sòng gěi biérén jiā

Mòlìhuā ya mòlìhuā

원문

好一朵美丽的茉莉**花**, 好一朵美丽的茉莉**花**.

芬芳美丽满枝**桠**, 又香又白人人**夸**.

让我来将你摘**下**, 送给别人**家**.

茉莉花呀茉莉**花**

※ 진한 색으로 표시한 부분은 이 노래의 운자(韻字)임.

번역

한 송이 예쁜 모리화/ 한 송이 예쁜 모리화/ 가지 가득 향기롭고 예쁜 너의
모습/ 향기롭고 새하얀 너의 그 모습을 사람들마다 칭찬하는구나. / 너를 꺾어
다가/ 누군가에게(사랑하는 사람에게) 선물하고 싶어라. / 모리화야! 모리화야!

　이 노래는 중국민요를 대표하는 곡이다. 모리화(茉莉花)는 재스민(jasmine) 꽃을 가리키며, 중국 사람들이 가장 즐겨 음용하는 꽃차(花茶)의 재료이다. 중국 장쑤(江蘇) 지역에서 전래되던 민요가 중국 전역을 넘어 세계로까지 널리 알려졌다. 수많은 중국 가수들이 불렀고 가수 출신인 시진핑(习近平) 국가주석의 부인 펑리위안(彭丽媛) 여사도 이 노래를 부른 바 있다. 또한 이 노래는 이탈리아 작곡가 푸치니(Giacomo Puccini)의 오페라 〈투란도트(Turandot, 图兰朵)〉의 테마음악이 된 것으로도 유명하다.

※ 저작권 관계로 이 곡의 음원은 따로 제공하지 않고 가사를 낭송한 파일만 제공합니다. 유튜브(http://www.youtube.com)에서 'molihua' 혹은 '茉莉花'로 검색하면 이 곡 관련 수많은 동영상을 만날 수 있습니다.

Chapter 7
대비음운모(N) II, 설면음

제13강 대비음운모(N) Ⅱ (uan, uen, üan, ian)

1. 대비음운모 'uan'

① 발음 원리

- [uan] : [an]음 앞에 운두 [u]를 붙인 것이다.

- 운두 [u]음을 짧지만 정확하게 내고 [an]과 끊어짐 없이 이어지게 해야 한다.

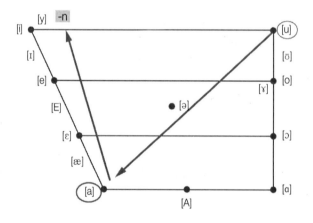

② 주의사항

- 한국인들은 'uan'을 '완도'의 '완'과 같이 발음하기 쉽다.

- 중국어 'uan'은 결코 단숨에 발음되지 않고 또렷하게 'u'에서 시작하여
'an'으로 발음이 진행되어야 한다.

- 'ɑ'는 입을 크게 벌리고, 운미 'n'은 '혀끝-윗잇몸'에 주의하자.

③ 연습방법
- [u]와 [an]의 발음은 각각 Chapter2와 Chapter6을 참조하기 바람.
- 'u'를 발음할 때 **혀끝을 혀 밑 말랑말랑한 부분에 대고 입을 쭉 내밀어줘야** 하는 것에 특히 신경 쓴다.
- [u]를 짧지만 정확하게 발음한 다음, 입을 크게 벌리면서 [an]음을 낸다.
- 다른 방법으로 '입술 앞으로 쭉'하고 발성을 시작한 다음([u]), 입을 크게 벌리면서 우리말 '(과도음ㅕ와)**아**아은'을 발음해도 된다.
- [u] - [a] - [a] - [n]과 같은 느낌을 살려본다.

④ 듣고 따라 읽기 🔊 13-1

　　uān(wān)　　　nuǎn　　　duàn　　　guān

　　cf) muan(X), buan(X)

※ 한어병음 표기법상 성모 없이 단독으로 발음될 때는 u를 w로 고쳐서 쓴다.

2. 대비음운모 'uen(-un)'

① 발음 원리
- [uən] : [ən]음 앞에 운두 [u]를 붙인 것이다.
- 운두 [u]를 짧지만 정확하게 내고 [ən]과 끊어짐 없이 이어지게 해야 한다.
- 'uen' 앞에 성모가 나오게 되면 주요모음 'e[ə]'를 생략하고 'un'으로만 표기한다. 이는 'un'으로만 표기해도 [u]에서 운미 [n]으로 혀의 위치가 옮겨가는 가운데 혀가 [ə]의 구간을 통과하면서 실제로 'uen'의 소리가 나기 때문이다.
- [ə]음은 1성과 2성을 발음할 때보다 3성과 4성을 발음할 때 보다 분명

하게 들린다.[1] 이는 3성과 4성의 발성이 상대적으로 긴 것과 관련이
있다.

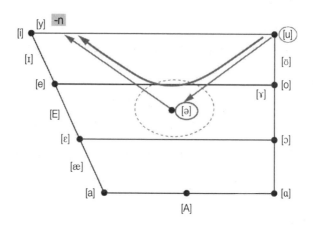

② 주의사항

- 한국인들은 'uen'을 '원수'의 '원'과 같이 발음하기 쉽다.
- 중국어 'uen'은 결코 단숨에 발음되지 않고 또렷하게 'u'에서 시작하여 'en'
  으로 발음이 진행되어야 한다.
- 운미 'n'을 발음할 때 '혀끝-윗잇몸'에 주의하자.
- '성모+un'을 발음할 때 간혹 우리말 '자음+운'과 같이 발음하거나 '자음+원'
  과 같이 발음하는 학생들이 있다. 한어병음표기의 영향을 받은 전자든,
  'un'이 원래 'uen'임은 알았으나 정확한 발음요령을 알지 못한 후자
  든, 모두 발음상의 오류에 속하므로 학습자들의 주의를 요한다.

③ 연습방법

- [u]와 [en]의 발음은 각각 Chapter2와 Chapter6을 참조하기 바람.

---

1) J. 노먼, 《중국언어학총론》, 211쪽 참조.

- [u]음을 짧지만 정확하게 낸 다음, 원순(둥근 입술)을 평순(펼쳐진 입술)으로 풀면서 우리말 '어'를 냈다가 마지막에 혀끝을 윗잇몸에 붙이면서 운미 'n'음을 내준다. 특히 성모가 없는 '영성모(零聲母)' 음절에서 이와 같이 연습하면 좋다.
- 또는 '입술 앞으로 쭉'하고 발성을 시작한 다음([u]), 입을 중간 정도로 벌리면서 우리말 '(과도음≒워)어어은'을 발음해도 된다.
- 성모가 있는 음절에서는 먼저 [u]음을 짧게 낸 다음, 입을 천천히 원순 상태에서 평순 상태로 전환하면서 끝에 우리말 '은'('혀끝-윗잇몸' 주의)을 가볍게 붙인다.
- [u] - [ə] - [ə] - [n] 혹은 [u] - 과도음(원순→평순) - [n](성모가 있을 때)과 같은 느낌으로 연습해본다.

④ 듣고 따라 읽기 🔊 13-2

　　uēn(wēn)　　　dùn　　　gǔn

　　cf) mun(X), bun(X), nun(X)

※ 한어병음 표기법상 성모 없이 단독으로 발음될 때는 u를 w로 고쳐서 쓴다.

3. 대비음운모 'üan'

① 발음 원리
- [yæn] : [y]와 [an]의 결합이다.
- [y]에서 [a]까지의 발음 경로가 너무 멀고, 다시 운미 [n]을 내기 위해 혀를 들어 올려야 하기 때문에, 주요모음 'a'는 [a]까지 가지 못하고 [æ]로 발음된다.

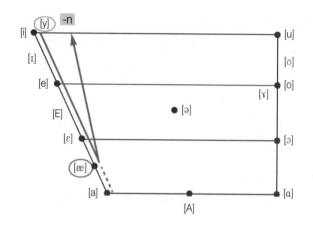

- 운두 [y]를 짧지만 정확하게 내고 [æn]과 끊어짐 없이 이어지게 해야 한다.

② 주의사항
- 한국인들은 'üɑn'을 '위엔[uien]'처럼 발음하기 쉽다.
- 'ü'는 '위'가 아니고 [æ]도 '에'로 내서는 곤란하다.
- 반드시 [y]음을 정확하게 낸 다음 [æn]으로 발음이 진행되게 해야 한다.
- 'ɑ'가 나오면 무조건 입을 크게 벌려야 하며, 그렇게 해야지만 [æ]음을 정확하게 낼 수 있다. 또한 운미 'n'의 '혀끝-윗잇몸'에 주의하자.

③ 연습방법
- [y]음은 Chapter2를 참조하기 바람.
- [y]음을 짧지만 정확하게 낸 다음 입을 '최대한' 벌리면서 우리말 '애'를 길게 발음한다. [y]와 '애'를 발음할 때 혀끝은 줄곧 아랫니 뒤에 붙어 있어야 한다.
- 마지막으로 혀끝을 윗잇몸으로 옮기면서 운미 'n'음을 내준다.
- [y] - [æ] - [æ] - [n]과 같은 느낌으로 연습해본다.

④ 듣고 따라 읽기 🔊 13-3

üān(yuān)

cf) müan(X), büan(X), nüan(X), düan(X), güan(X)

※ 한어병음 표기법상 성모 없이 단독으로 발음될 때는 üan를 yuan으로 표기한
다. 'üan'과 결합할 수 있는 성모는 앞으로 배울 j, q, x 세 가지밖에 없다.
j, q, x와 결합할 때에는 ü를 u로 고쳐 juan, quan, xuan과 같이 표기한다.

4. 대비음운모 'ian'

① 발음 원리

- [iɛn] 혹은 [iæn] : [i]와 [an]의 결합이다.

- 'üan'의 경우와 유사하게 [i]에서 [a]까지의 발음 경로가 너무 멀고, 다
시 운미 [n]을 내기 위해 혀를 들어 올려야 하기 때문에, 주요모음
'a'는 [a]까지 가지 못하고 [ɛ] 혹은 [æ]로 발음된다.

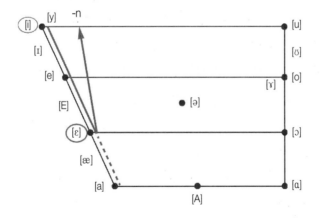

- 운두 [i]를 짧지만 정확하게 내고 [ɛn](혹은 [æn])과 끊어짐 없이 이어지게 해
야 한다.

② 주의사항

- 한국인들은 'iɑn'을 '이엔[ien]' 혹은 '옌[jen]'처럼 발음하기 쉽다.
- 반드시 운두 [i]음을 정확하게 낸 다음 [ɛn](혹은 [æn])으로 발음이 진행되게 해야 하므로, '옌'처럼 단숨에 발음해서는 곤란하다.
- 'ɑ'가 나오면 무조건 입을 크게 벌려야 하며, 그렇게 해야지만 [ɛ](혹은 [æ])음을 정확하게 낼 수 있다.
- 운미 'n'의 '혀끝-윗잇몸'에도 신경 써야 한다.

③ 연습방법

- [i]음은 Chapter2를 참조하기 바람. 특히 '입꼬리에 힘, 입술 평평'을 확인할 것.
- [i]음을 짧지만 정확하게 낸 다음 입을 가급적 크게 벌리면서 우리말 '애'를 길게 발음한다. [i]와 '애'를 발음할 때 혀끝은 줄곧 아랫니 뒤에 붙어 있어야 한다.
- [ɛ]와 [æ]는 [i] 발음 이후에 입을 벌릴 수 있는 크기의 차이에 따라 자연스럽게 결정되기 때문에 여기에 집착할 필요는 없다. 대신 입을 가급적 크게 벌린다는 생각만 하면 된다.
- 마지막으로 혀끝을 윗잇몸으로 옮기면서 운미 'n'음을 내준다.
- [i] - [ɛ] - [ɛ] - [n]과 같은 느낌으로 연습해본다.

④ 듣고 따라 읽기 🔊 13-4

iān(yān)　　mián　　biǎn　　niàn　　diān

cf) giɑn(X)

※ 한어병음 표기법상 성모 없이 단독으로 발음될 때는 iɑn를 yɑn으로 표기한다. 'iɑn'과 결합할 수 있는 성모는 m, b, n, d 이외에도 p, t, l, j, q, x가 더 있다.

1. uan

IPA	입모양(앞)	입모양(측면)		핵심 비법
[uan]	원순 → 평순	혀끝	혀 밑 말랑말랑 부분 → 윗잇몸	'입술 앞으로 쭉' 'u'음을 짧지만 정확하게 ↓ 입을 크게 벌리면서 우리말 '아' 길고 뚜렷하게 ↓ 입을 다물면서 우리말 '은' 짧게 ※ '입술 앞으로 쭉'하고 발성을 시작한 다음([u]), 입을 크게 벌리면서 우리말 '(과도음≒와)아 아은'을 발음해도 됨
				[u] - [a] - [a] - [n]

2. 'uen(-un)'

IPA	입모양	측면도		핵심 비법
[uən]	원순 → 평순	혀끝	혀 밑 말랑말랑 부분 → 윗잇몸	[성모가 없는 경우(wen)] '입술 앞으로 쭉' 'u'음을 짧지만 정확하게 ↓ 원순을 평순으로 풀면서

IPA	입모양	측면도	핵심 비법
			우리말 '어' ↓ 입을 다물면서 우리말 '은' 짧게 ※ '입술 앞으로 쭉'하고 발성을 시작한 다음([u]), 입의 긴장을 풀고 중간 정도로 벌리면서 우리말 '(과도음늑워)어어은'을 발음해도 됨
			[성모가 있는 경우(-un)] [u]를 짧지만 정확하게 발음한 다음, 입을 천천히 원순에서 평순으로 전환하면서 끝에 우리말 '은'을 가볍게 붙임
			① 'wen' : [u]-[ə]-[ə]-[n] ② '-un' : [u]-과도음(원순→평순)-[n]

3. üan

IPA	입모양	측면도		핵심 비법
[yæn]	원순 → 평순	혀끝	아랫니 뒤 → 윗잇몸	'ü'음 짧지만 정확하게 ↓ 입을 '최대한' 벌리면서 우리말 '애' 길고 분명하게 ↓ 입을 다물면서 우리말 '은' 짧게

한국인을 위한 김샘의 중국어 발음 원리 강의

IPA	입모양	측면도	핵심 비법
			[y] - [æ] - [æ] - [n]

4. ian

IPA	입모양	측면도		핵심 비법
[iɛn]	평순	혀끝	아랫니 뒤 → 윗잇몸	'입꼬리 힘, 입술 평평' 'i'음 짧지만 정확하게 ↓ 입을 가급적 크게 벌리면서 우리말 '애' 길고 분명하게 ↓ 입을 다물면서 우리말 '은' 짧게 ※ '입꼬리 힘, 입술 평평하

IPA	입모양	측면도	핵심 비법
			고 발성을 시작한 다음 ([i]), 입을 가급적 크게 벌리면서 우리말 '(과도 음늑예 or 얘) **애애은**' 을 발음해도 됨
			[i] - [ɛ] - [ɛ] - [n] ※ [ɛ] 대신 [æ]도 가능함

Part3 연습

1. 큰소리로 따라 읽으며 소리를 분별해보세요. 🔊 13-5

wān / wēn   duàn / dùn   guǎn / gǔn   yuān / yān

2. 발음을 듣고 큰소리로 따라 읽으세요.

※ 배운 운모에 특별히 주의하고 안 배운 발음은 일단 녹음을 따라 읽으세요.

① uɑn([uan]) 🔊 13-6

cānguǎn 참관하다	chuántǒng 전통	dǎ·suàn ~할 작정이다
duànliàn 단련하다	kāi wánxiào 농담하다	nuǎnhuo 따뜻하다
túshūguǎn 도서관	wǎnshang 저녁	xíguàn 습관

② uen, un([uən]) 🔊 13-7

chūntiān 봄	gǔnkāi 꺼져! 사라져!	jiéhūn 결혼하다
Lúndūn 런던	nóngcūn 농촌	qìwēn 기온
Sūn Wén 손문, 쑨원	wènhǎo 안부를 묻다	xīnwén 뉴스

③ üan([yæn]) 🔊 13-8

diànyǐngyuàn 영화관	fúwùyuán 종업원	gōngyuán 공원
juànzi 시험 답안지	kuàngquánshuǐ 광천수	quánbù 전부, 모두
tàijíquán 태극권	xuǎnkè 수강 신청을 하다	yīyuàn 병원

④ ian([iæn]) 🔊 13-9

bàoqiàn 미안해하다	biànhuà 변화	chūxiàn 출현하다
diànnǎo 컴퓨터	fángjiān 방	jiǎndān 간단하다
niánqīng 젊다, 어리다	piányi 싸다	qiántiān 그저께

3. 다음 녹음을 듣고 음절 속에 포함된 운모를 적어보세요. 🔊 13-10

(※ 성조 포함)

① h＿＿＿q＿＿＿ (환전하다)　② qǐng w＿＿ (말씀 좀 여쭙겠습
니다)

③ zh＿＿bèi (준비하다)　④ x＿＿＿zé (선택하다)

⑤ y＿＿sè (색, 색깔)　⑥ shāngd＿＿＿ (상점)

※ 배운 발음에 특별히 주의하고 안 배운 발음은 녹음을 따라 읽으세요.

Nǐ qù nǎr?	어디 가세요?
Wǒ qù túshūguǎn.	도서관에 갑니다.
Túshūguǎn zài nǎr?	도서관이 어디에 있나요?
Jiù zài nàr.	저기 있어요.

Zhōngshān Gōngyuán lí zhèr yuǎn ma?	중산 공원이 여기서 머나요?
Bù yuǎn, hěn jìn.	멀지 않아요, 가깝습니다.

Nǐ chīguo (Gònghéchūn de) zhájiàngmiàn ma?	공화춘 짜장면 드셔본 적이 있나요?
chīguo.	먹어봤습니다.
Wèidào zěnmeyàng?	맛이 어때요?
Hěn hǎochī / Bú tài hǎochī / Hái kěyǐ.	맛있어요. / 별로예요. / 괜찮은 편이에요.

제14강 설면음(j, q, x)

중국어에는 우리말 'ㅈ(ㅉ), ㅊ, ㅅ(ㅆ)'과 대응되는 발음이 매우 풍부하다. 그러나 안타깝게도 'ㅈ(ㅉ), ㅊ, ㅅ(ㅆ)'과 똑같은 발음은 거의 없다고 해도 과언이 아니다. 앞으로 배울 성모는 대부분 'ㅈ(ㅉ), ㅊ, ㅅ(ㅆ)'에 대응되는 발음으로서, 설면음(舌面音 : j, q, x), 설치음(舌齒音 : z, c, s), 설첨후음(舌尖後音 : zh, ch, sh, r)으로 나뉜다. 설치음과 설첨후음은 설명이 좀 더 복잡하고 둘 사이의 변별이 각별히 요구되기 때문에 다음 기회에 살펴보도록 하고, 본 Chapter에서는 먼저 설면음(j, q, x)부터 배워보도록 한다. 한국인들이 비교적 쉽게 생각하는 발음이지만 실상 의외로 어려운 발음이므로 주의가 필요하다. 일반적으로는 j, q, x 순으로 나열하지만, 교학의 필요에 따라 본서에서는 x부터 먼저 설명하기로 한다.

Part1 원리 이해

1. 설면음 'x'

① 발음 원리

- [ɕ] : 혀끝을 아래 잇몸에 갖다 댄 다음 혓바닥(舌面)의 앞부분을 경구개 쪽으로 들어올려, 입안의 공기를 혓바닥의 앞부분과 경구개 사이의 좁은 틈으로 마찰시켜 내는 소리이다.

- 혀의 위치가 설면전고불원순모음(舌面前高不圓脣元音) [i]와 거의 같다.[1]

---

1) 仇鑫奕, 《外國人漢語發音訓練》, 183쪽 참조.

② 주의사항

- 한국인들은 'x'를 우리말 'ㅅ'음에 해당한다고 생각하기 쉽다.
- 우리말의 'ㅅ'음은 한 가지 발음만 있는 것이 아니라 상황에 따라서 다양한 발음이 존재하기 때문에, 'x'와 비슷한 경우도 있지만 절대로 같지 않은 경우도 있다.
- 대체로 우리말 '시'의 'ㅅ'과 비슷하고, '상소', '술' 등의 'ㅅ'과는 아주 다르다.
- 그러나 중국어 'x'음은 우리말 '시'의 'ㅅ'과는 달리 혀끝이 아래 잇몸에 확실하게 닿아야 하고, 소리가 정확하게 날 때까지 혀끝이 아래 잇몸을 떠나서도 안 된다. 그렇게 해야지만 혓바닥의 앞부분이 충분히 올라가서 설면음을 제대로 낼 수 있다.
- 간혹 중국어를 꽤 잘하는 사람 중에도 'x'를 발음하면서 혀끝(舌尖)을 이(齒)에 닿게 하여 설치음(舌齒音)처럼 발음하는 이들이 있다. 혀끝을 이에 닿게 하고 우리말 '씨'를 발음하는 것과 유사하다. 심지어는 중국인 가운데서도 이렇게 발음하는 사람이 있는데 변별에는 큰 지장이 없는 것이 사실이다. 그러나 표준발음은 아니기 때문에 절대로 따라하지 않기를 권한다.

③ 연습방법

- 먼저 [i]음을 제대로 길게 내본다.
- [i]를 발음할 때 입모양을 그대로 유지한 채, 성대를 진동시키지 말고 우리말 '시'를 연상하며 입 밖으로 공기를 내보낸다. 그 과정에서 혀끝이 아래 잇몸 상단으로 살짝 내려오는 것을 확인할 수 있는데, 이때 나는 소리가 바로 [ɕ]로 중국어 성모 'x'의 실제 소리이다.
- 성모 연습 단계에서는 'x'를 'i([i])'와 결합시켜 'xī'라고 발음한다.

④ 듣고 따라 읽기 🔊 14-1

xī   xǔ   xiá   xiè   xiū

cf) xɑ(X), xe(X), xo(X)

※ 한어병음 표기법상 x뒤의 u는 본래 ü[y]이다. x와 결합할 수 있는 운모로는, 위의 것들을 제외하고도 iao, ian, in, iang, ing, iong, ue, uan, un 등이 있다.

2. 설면음 'j'

① 발음 원리

- [tɕ] : 발음 원리는 'x'와 대동소이하다. 혓바닥의 앞부분을 경구개에 갖다 대고 입안의 공기를 완전히 막았다가, 혓바닥과 경구개 사이에 살짝 틈을 내어 그 사이로 공기가 빠져나오게 하면서 내는 소리이다.
- 파열음과 마찰음의 성격을 동시에 가지고 있는 파찰음(중국어로는 '塞擦音')이며, 공기를 강하게 내뿜지는 않기 때문에 불송기음에 속한다.

② 주의사항

- 한국인들은 'j'를 우리말 'ㅈ'으로 내기 쉽다.
- 우리말의 'ㅈ' 역시 'ㅅ'과 마찬가지로 한 가지 발음만 있는 것이 아니라 상황에 따라서 다양한 발음이 존재한다. 'j'와 가까운 발음도 있지만 대부분은 전혀 다르다.
- 대체로 우리말 '지구'의 'ㅈ'과 비슷하고 '장난', '마주' 등의 'ㅈ'과는 아주 다르다.
- 그러나 중국어 'j'음은 우리말 '지'의 'ㅈ'과는 달리 혀끝이 아래 잇몸에 확실히 닿아야 하고, 소리가 정확하게 날 때까지 혀끝이 아래 잇몸을 떠나서도 안 된다.

- 'j' 역시 혀끝을 이(齒)에 닿게 하여 우리말 '찌'와 유사한 발음을 내는 사람들이 간혹 있다. 이 발음 역시 다행히 다른 발음과는 구별이 되지만 결코 따라 하지 않기를 권한다.

③ 연습방법
- 요령은 'x'와 거의 같다. 다만 [i]의 입모양을 하고서 우리말 '지'를 내면 된다. 이때 혀끝이 아래 잇몸 상단에 붙어 있는지 꼭 확인한다.
- 성모 연습 단계에서는 'jī'라고 발음한다.

④ 듣고 따라 읽기 🔊 14-2

    jī   jù   jiǎ   jié   jiù
    cf) ja(X), je(X), jo(X)
※ 한어병음 표기법상의 참고사항과 운모와의 결합 상황은 'x'와 같다.

3. 설면음 'q'
① 발음 원리
- [tɕʰ] : 파찰음 'j'의 송기음이다.
- 'j'와 같은 요령으로 발음하되 공기를 강하게 내뿜어야 한다.

② 주의사항
- 한국인들은 'q'를 우리말 'ㅊ'으로 내기 쉽다.
- 대체로 우리말 '치'의 'ㅊ'과 비슷하나, 중국어 'q'음은 혀끝이 아래 잇몸에 확실히 닿아야 하고, 소리가 정확하게 날 때까지 혀끝이 아래 잇몸을 떠나서도 안 된다는 점에서 우리말 '치'의 'ㅊ'과 다르다.
- 학생들을 지도해보면 굉장히 쉬울 것 같은 이 'q' 발음을 잘못 내는

경우가 많다. 특히 '송기'가 부족하여 'j'음과 차이를 제대로 만들지 못하는
학생들이 적지 않다. 또한 상대적으로 낮은 음에서 시작하는 2성과 3성
에서 'q'의 송기가 약해질 수 있다. 따라서 공기를 강하게 내뿜어야 하는
것에 반드시 주의하자.

③ 연습방법
- 요령은 'x' 및 'j'와 거의 같다. [i]의 입모양을 하고서 우리말 '치'를 발음하
  되 공기를 강하게 내뿜어준다. 마찬가지로 혀끝이 아래 잇몸 상단에 붙어 있
  는지 반드시 확인한다.
- 성모 연습 단계에서는 'qī'라고 발음한다.

④ 듣고 따라 읽기 🔊 14-3

  qī   qú   qià   qiě   qiú
  cf) qa(X), qe(X), qo(X)

※ 한어병음 표기법상의 참고사항과 운모와의 결합 상황은 'x' 및 'j'와 같다.

Part2 핵심 비법 정리

1. j, q

IPA	위치	성격	측면도	핵심 비법
[tɕ] [tɕʰ]	혓바닥 앞부분 ▶ 경구개	파찰음		단운모 'i'를 먼저 발음 ↓ 우리말 '지' : 'j' 우리말 '치' : 'q' (단, 공기를 매우 강하게 내뿜어야 함) ※ 혀끝 위치 아래 잇몸 상단 확인
		파열 ↓ 마찰		

2. x

IPA	위치	성격	측면도	핵심 비법
[ɕ]	혓바닥 앞부분 ▷ 경구개	마찰음 공기를 좁은 틈으로 세차게 밀어 냄		단운모 'i'를 먼저 발음 ↓ 우리말 '시' : 'x' ※ 혀끝 위치 아래 잇몸 상단 확인

Part3 연습

1. 큰소리로 따라 읽으며 소리를 분별해보세요. ◀)) 14-4

jī / qī / xī   jú / qú / xú   jià / qià / xià

jiě / qiě / xiě   jiū / qiū / xiū

2. 발음을 듣고 큰소리로 따라 읽으세요.

※ 배운 발음에 특별히 주의하고 안 배운 발음은 녹음을 따라 읽으세요.

① j([tɕ]) ◀)) 14-5

jìjié 계절	juéde ~라고 느끼다	jiǎnchá 검사하다
ānjìng 조용하다	bǐjiào 비교적	dàjiā 모두, 다들
gōngjīn 킬로그램	hǎojiǔ (시간이) 오래다	tiáojiàn 조건

② q([tɕ']) 🔊 14-6

qíshí 기실, 사실은	qīngchu 분명하다, 뚜렷하다	qǐngkè 접대하다, 한턱 내다
bàngqiú 야구	duìbuqǐ 미안합니다.	érqiě 게다가, 또한
niánqīng 젊다	rèqíng 열정적이다	wánquán 완전히

③ x([ɕ]) 🔊 14-7

xǐshǒujiān 화장실	xiàwǔ 오후	xiānsheng 씨, 선생님
bìxū 반드시 ~해야 한다	dānxīn 걱정하다	fāxiàn 발견하다
kěxī 아쉽다, 애석하다	shàngxué 등교하다	tóngxué 학우, 동학

3. 다음 녹음을 듣고 음절 속에 포함된 성모를 적어보세요. 🔊 14-8

① __īng__ù (경극 京劇)　　　② __ué__í (학습하다)

③ __ùnián (작년)　　　④ zì__íngchē (자전거)

⑤ yǐ__ián (과거, 이전)　　　⑥ yóu__ú (우체국)

Part4 생활 회화　　　　　　🔊 14-9

※ 배운 발음에 특별히 주의하고 안 배운 발음은 녹음을 따라 읽으세요.

Nǐ xǐhuan nǎ ge jìjié?　　　어떤 계절을 좋아하세요?

Wǒ xǐhuan chūntiān.　　　저는 봄을 좋아합니다.

　(xiàtiān / qiūtiān / dōngtiān)　　　(여름 / 가을 / 겨울)

Jīntiān jǐ yuè jǐ hào?   오늘이 몇 월 며칠이죠?

Sān yuè qī hào.   3월 7일입니다.

※ Qiántiān - Zuótiān - Jīntiān -   그저께 - 어제 - 오늘 - 내일 - 모레
   Míngtiān - hòutiān

Xīngqī jǐ?   무슨 요일이에요?

Xīngqī liù / tiān.   토요일입니다. / 일요일이에요.

Xiànzài jǐ diǎn?   지금 몇 시죠?

Sān diǎn bàn / Jiǔ diǎn yí kè /   3시 반입니다. / 9시 15분이에요. /
  Qī diǎn líng wǔ fēn.   7시 5분입니다.

Chapter 8

대비음운모(NG)ㅣ, 설치음

제15강 대비음운모(NG) I (ang, ong, eng, ing)

'N' 계열의 대비음운모를 학습하면서, 중국어는 우리말처럼 '종성(終聲)' 혹은 '받침' 개념이 있는 것이 아니고, 또한 이를 주요모음과 더불어 단숨에 발음해서는 안 된다는 사실을 알 수 있었다. 'NG' 계열 대비음운모 역시 발음이 이루어지는 원리는 대체로 같다. 우리말 '-ㅇ' 받침과는 다르다는 사실을 미리 염두에 두길 당부한다.

Part1 원리 이해

1. 대비음운모 'ang'

① 발음 원리

- [aŋ] : 단운모 'a'와 운미 'ng'의 결합이다.
- 'ng' 운미의 발음위치는 Chapter6 설근음 'g', 'k'의 발음위치를 참조할 수 있다. 즉 혀뿌리를 연구개에 접근시켜 입안으로의 공기 유입을 먼저 막아야 한다. 다만 'g', 'k'와는 달리 비음 운미이기 때문에 연구개를 내려 공기가 비강으로는 흐르게 해야 한다.
- 입을 가급적 크게 벌려야 하고 혀는 뒤로 이동한다. 혀끝은 혀 밑 말랑말랑한 부분에 놓이게 되고 혀뿌리는 연구개 쪽으로 올라간다.
- 운미 'ng'의 영향으로 주요모음 'a'도 본래 음인 [A]에서 후설모음화하여 [ɑ]로 바뀐다. 이 주요모음을 길고 분명하게 발음한 후 끝부분에 운미 [ŋ]을 짧지만 정확하게 붙인다. 둘 사이의 연결은 대단히 자연스

러워야 한다.

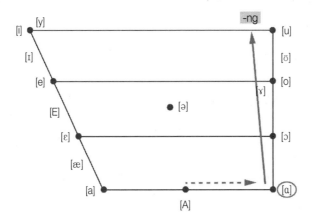

② 주의사항

- 우리말 '앙'과 비슷하다.
- 다만 일상적 대화 상황에서 한국인들은 '앙'을 발음할 때 입을 그다지 크게 벌리지 않는다. 또한 'ㅏ+ㅇ'을 단숨에 발음하면서 'ㅇ' 받침을 다소 길게 발음하는 경향도 있다. 그리고 아나운서처럼 정확한 발음을 구사하는 사람들이 아닌 일반인들의 경우엔, 끝까지 입 모양을 유지하지 않고 '아옹'처럼 발음하면서 입을 급하게 다무는 경향도 흔히 나타난다.

③ 연습방법

- 먼저 혀끝을 혀 밑 말랑말랑한 부분으로 가져간 다음, 입을 최대한 크게 벌리면서 우리말 '아'를 길게 발음해본다. ([ɑ])
- 그 상태에서 혀뿌리만 들어 올려 연구개를 막되 비강으로는 공기를 흐르게 하면 제대로 된 [ɑ̃]음을 낼 수 있다.
- 다른 방법으로는 [ɑ]음을 길게 낸 다음, 입모양을 그대로 유지한 채(중

요!) 우리말 '응'음을 짧게 덧붙여도 된다.

- [ɑ]가 가장 길고 분명하게 발음되는지, 중간에 입은 다물지 않는지를 연습단계에서 반드시 살펴야 한다.

- [ɑ] - [ɑ] - [ŋ]과 같은 느낌을 살려서 연습해본다.

④ 듣고 따라 읽기 🔊 15-1

    āng   máng   bàng   náng   dǎng   gāng

2. 대비음운모 'eng'

① 발음 원리

- [əŋ] : 단운모 'e'와 운미 'ng'의 결합이다.

- 'eng'의 'e'는 통상적으로 [ɤ]가 아닌 [ə]로 발음된다. 이는 운미 [ŋ]의 영향으로 'e'의 발성위치가 조정된 결과로 설명할 수 있다.

- [ə]음을 길고 분명하게 발음한 후 끝부분에 운미 [ŋ]을 짧지만 정확하게 붙인다. 둘 사이의 연결은 대단히 자연스러워야 한다.

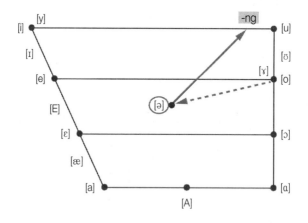

② 주의사항

- 우리말 '엉덩이'의 앞 두 음절 'ㅓ+ㅇ'음과 비슷하다.

- 다만 한국인들은 중국어 'eng'를 발음하면서 입을 충분히 벌리지 않
  는 경향이 있다.

- 주요모음 'e'와 운미 'ng'를 단숨에 발음하거나, 'ng'음을 다소 길게 발음하는
  경향도 눈에 띈다.

- 'ang'와 마찬가지로 입 모양을 끝까지 유지해야 하는데, '어웅'처럼 발
  음하면서 입을 급하게 다무는 경향도 흔히 나타난다.

- 중국인들 가운데 'eng'를 발음할 때 입을 거의 열지 않고 발음하는
  경우도 얼마간 존재한다. 이는 운미 [ŋ]를 내기 위해 혀가 뒤로 수축
  되면서, 입을 벌리지 않고도 [ə]를 낼 수 있는 입안의 공간이 어느
  정도 확보되기 때문으로 보인다. 그러나 이를 따라하다 보면 자칫
  [ə]음이 제대로 나지 않을 수도 있기 때문에 학습자들에게는 권하지
  않는다.

③ 연습방법

- 긴장을 풀고 입을 절반 정도 자연스럽게 벌려서 우리말 '어'를 길게 발음한다.

- 그 상태에서 혀뿌리만 들어 올려 연구개를 막되 비강으로는 공기를
  흐르게 하면 [əŋ]음을 낼 수 있다.

- [ə]음을 길게 낸 다음, 입모양을 그대로 유지한 채(중요!) 우리말 '응'음을
  짧게 붙이는 것도 방법이 될 수 있다.

- [ə] - [ə] - [ŋ]과 같은 느낌을 살려본다.

④ 듣고 따라 읽기 🔊 15-2

   ēng   měng   bèng   néng   dēng   gèng

3. 대비음운모 'ong'

① 발음 원리

- [ʊŋ] : 단운모 'o'와 운미 'ng'의 단순한 결합처럼 보이나, 음운학적으로는 원래 'u'와 'ng'의 결합으로 설명한다. u와 n이 혼동하기 쉬워 o로 표기했다고 한다.[1]

- 'ong'와 'ung' 가운데 어느 것으로 표기하든, 주요모음 'o'(혹은 'u')는 단운모일 때의 소리가 그대로 나지 않고 통상적으로 그 중간 소리인 [ʊ]로 발음된다. 이는 주요모음 [u]와 운미 [ŋ]이 발음위치가 지나치게 가까워 서로 결합하여 발음하기 어렵다거나, 혹은 [ŋ]을 발음하기 위해 혀뿌리가 위로 들리면서 주요모음 'o'의 발음 위치가 살짝 위로 이동한다는 측면에서 모두 설명이 가능하다. 다만 일각에서는 여전히 [uŋ]을 표준발음으로 제시하기도 한다.[2]

- [ʊ]음을 길고 분명하게 발음한 후 끝부분에 운미 [ŋ]을 짧지만 정확하게 붙인다. 둘 사이의 연결은 대단히 자연스러워야 한다.

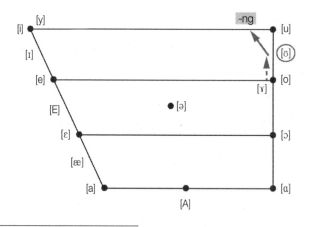

---

1) 엄익상 등, 《중국어교육론》, 113-114쪽 참조.
2) 仇鑫奕, 《外國人漢語發音訓練》, 70쪽 참조.

② 주의사항

- 한국인들은 'ong'를 우리말 '옹'으로 잘못 발음하기 쉽다. 혹은 '웅'이라고 발음하면서 위아래 어금니를 아예 붙이거나 아주 살짝만 떼는 경우도 있다. 이렇게 해서는 [ʊ]음이 제대로 나지 않는다.(※ [u]로 내더라도 어금니가 반드시 떨어져 있어야 한다. Chapter2 참조)
- 이밖에 운미 'ng'가 상대적으로 길게 발음되지 않도록 주의해야 한다.

김샘의 발음 Talk

'ong' 발음과 관련하여 한국 학생들이 흔히 범하는 오류로 다소 흥미로운 현상이 있다. 바로 **중국어 발음이 우리말 한자음의 영향을 받는다는 것이다.** 가령 '중국'을 가리키는 'Zhōngguó'의 'ong'는 우리말 '웅'처럼 발음하면서, '종류'를 가리키는 'zhǒnglèi'의 'ong'는 의외로 우리말 '옹'처럼 발음한다. 성조만 다를 뿐 성모와 운모가 똑같은 음절을 전혀 다르게 발음하는 것이다.

---

③ 연습방법

- **혀끝을 혀 밑 말랑말랑한 부분에 댄 다음** 입을 약 1/3 정도 벌리고('e'의 마지막 입 높이) 우리말 '오'를 발음해본다. 이 소리는 단운모 [o]이다. (Chapter1 참조)
- 그 상태에서 우리말 '우'를 소리 내면, 혀뿌리가 자연스럽게 위로 살짝 올라가면서 [ʊ] 소리가 나게 된다.
- 이 소리를 길게 내다가 혀뿌리를 위로 더 올려 연구개를 막되, 공기를 비강으로 흐르게 하면 [ʊ̃] 발음을 완성할 수 있다.
- [ʊ]음을 길게 낸 다음, **입모양을 그대로 유지한 채(중요!)** 우리말 '응'음을 짧게 붙이는 것도 방법이 될 수 있다.
- [ʊ] - [ʊ̃] - [ŋ]과 같은 느낌을 살려서 연습해본다.

④ 듣고 따라 읽기 🔊 15-3

    ōng   nóng   dǒng   gòng

    cf) mong(X), bong(X)

4. 대비음운모 'ing'

① 발음 원리

- [iŋ] : 단운모 'i'와 운미 'ng'의 단순한 결합처럼 보이나, 음운학적으로 보자면 운두 'i'와 운미 'ng' 사이에 주요모음이 생략된 형태이다.
- 혀끝이 'i([i])'를 발음할 때는 아랫니 뒤에 위치했다가 'ng' 운미를 발음하기 위해서 혀 밑 말랑말랑한 부분으로 이동한다. 그와 동시에 혀뿌리는 연구개 쪽으로 올라간다. 이 과정에서 자연스럽게 중간에 생략된 주요모음([ə] 혹은 그것에 가까운 소리)이 살아난다. 다만 그 정도는 해당 음절의 성모와 성조 등으로부터 영향을 받아 일정하지는 않다.

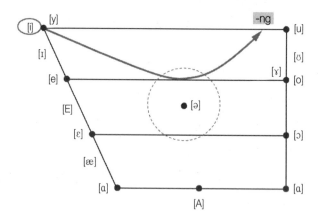

한국인을 위한 김쌤의 중국어 발음 원리 강의

② 주의사항

- 한국인들은 'ing'를 우리말 '잉'과 같이 발음하기 쉽다. 그러나 중국인들이 발음하는 'ing'의 'i'는 한국인들이 평상시에 크게 의식하지 않고 발음하는 '이'와는 다르고(Chapter2 'i' 운모 '주의사항' 참조), 또한 운미 'ng'도 한국어 종성 받침 '-ㅇ'처럼 모음과 함께 단숨에 발음되지 않는다.

- 한국인 학습자들에게는 '잉'처럼 발음하면서 'ng'음이 상대적으로 길어지는 경향도 간혹 나타난다.

김샘의 발음 Talk

일부 교재에서는 [iəŋ]이라고 표시하여 마치 [ə]가 뚜렷하게 발음되는 것처럼 설명하고 있다. 그러나 중국인들의 표준발음을 들어보면 [ə]가 그렇게 강하게 들리지는 않는다.

중국인들 가운데 'ing'를 [iəŋ]으로 발음하면서 [ə]를 유난히 뚜렷하게 발음하는 사람들이 분명 존재한다. 특히 수도 베이징을 비롯한 북방 지역 사람들일수록 [ə]가 더욱 강한 편이다. 심지어 'ing'를 발음하면서 입을 아예 중간 정도로 벌리는 경우도 있다. 틀린 발음이라고는 할 수 없지만 학습자들에게는 그다지 권하지 않는다. 특히 입을 벌리는 것을 따라하다 보면 [iə]가 [jə](우리말 '여'에 해당)로 잘못 발음될 수도 있다.

---

③ 연습방법

- [i]를 '**입꼬리 힘, 입술 평평**'에 신경 쓰며 짧고 정확하게 발음한 후(혀끝-아랫니 뒤), 바로 이어서 혀끝은 혀 밑 말랑말랑한 부분으로 혀뿌리는 연구개 방향으로 천천히 이동시킨다. 마지막으로 혀뿌리를 연구개에 닿게 하는 동시에 공기를 비강으로 흐르게 하여 [iŋ]음을 완성한다.

- [i]음을 짧고 정확하게 낸 다음, 발성을 유지한 채로 혀끝을 혀 밑

말랑말랑한 부분으로 천천히 옮기면서 끝에 우리말 '응'음을 살짝 붙이는 것도 방법이 될 수 있다. 입모양은 거의 변화가 없거나 경미한 변화가 나타날 수 있지만 크게 신경 쓸 필요는 없다.
- [i]-과도음(혀끝 후진)-[ŋ]과 같은 느낌을 살려본다.

④ 듣고 따라 읽기 🔊 15-4

Īng(yīng)　　　míng　　　bǐng　　　nìng　　　dīng
cf) ging(X)

※ 한어병음 표기법상 성모 없이 단독으로 발음될 때는 i 앞에 y를 붙여준다. ing 와 결합할 수 있는 성모로는 m, b, n, d 이외에도 p, t, l, j, q, x가 더 있다.

Part2 **핵심 비법 정리**

1. 'ɑng'

IPA	입모양(앞)	입모양(측면)		핵심 비법
[ɑŋ]	평순	혀끝	혀 밑 말랑말랑 부분	입 크기 최대 우리말 '아'를 길고 분명하게 ↓ 입모양 그대로 유지(중요) 우리말 '응' 짧게
				[ɑ] - [ɑ] - [ŋ]

2. 'eng'

IPA	입모양(앞)	입모양(측면)		핵심 비법
[əŋ]	평순	혀끝	혀 밑 말랑말랑 부분	긴장 풀고 입 크기 절반 우리말 '어'를 길고 분명하게 ↓ 입모양 그대로 유지(중요) 우리말 '응' 짧게
				[ə] - [ə] - [ŋ]

3. 'ong'

IPA	입모양(앞)	입모양(측면)		핵심 비법
[ʊŋ]	원순	혀끝	혀 밑 말랑말랑 부분	단운모 'o'의 입모양을 한 다음 우리말 '우'를 길고 분명하게 ☞ 어금니가 떨어져 있음을 확인하기 바람 ↓ 입모양 그대로 유지(중요) 우리말 '응' 짧게
				[ʊ] - [ʊ] - [ŋ]

4. 'ing'

IPA	입모양(앞)	입모양(측면)		핵심 비법
[iŋ]	평순	혀끝	아랫니 뒤([i]) → 혀 밑 말랑말랑 부분([ŋ])	입꼬리 힘, 입술 평평 우리말 '이'를 짧고 정확하게 ↓

IPA	입모양(앞)	입모양(측면)	핵심 비법
			발성 유지 + 혀끝(→), 혀뿌리(↑) 이동 ↓ 우리말 '웅' 짧게 [i]-과도음(혀끝 후진)-[ŋ]

Part3 연습

1. 큰소리로 따라 읽으며 소리를 분별해보세요. ◀》 15-5

āng / ēng / ōng / īng(yīng)　　máng / méng / míng

bàng / bèng / bìng　　　　　　náng / néng / nóng / níng

dǎng /děng / dǒng / dǐng　　　gàng / gèng / gòng

2. 발음을 듣고 큰소리로 따라 읽으세요.

※ 배운 운모에 특별히 주의하고 안 배운 발음은 녹음을 따라 읽으세요.

① ang([aŋ]) ◀》 15-6

bāngmáng 일을 돕다	chángcháng 늘, 항상	dāngrán 당연, 물론
gāngcái 지금 막, 방금	jīchǎng 공항	jǐnzhāng 긴장하다
mǎshàng 곧, 즉시, 바로	shàngwǔ 오전	yínháng 은행

② eng([əŋ]) ◀》 15-7

chéngshì 도시	děngdài 기다리다	fēngjǐng 풍경

198　한국인을 위한 김샘의 중국어 발음 원리 강의

kěnéng 가능하다/ 아마도	lěngmiàn 엄숙한 얼굴/ 냉면	péngyou 친구
tóuténg 머리가 아프다	wánchéng 완성하다	zhèngzài 지금 ~하고 있다

③ ong([ʊŋ]) 🔊 15-8

bàngōngshì 사무실	chūzhōng 중학교	dōngxi 물건, 물품
hóngsè 붉은색, 빨강	kōngqì 공기	nóngcūn 농촌
tóngyì 동의하다	yánzhòng 엄중하다, 심각하다	yígòng 모두, 전부

④ ing([iŋ]) 🔊 15-9

ānjìng 조용하다	bàomíng 신청하다, 지원하다	cāntīng 식당
gāoxìng 기쁘다, 즐겁다	huānyíng 환영하다	jīngcǎi 뛰어나다, 멋지다
píng'ān 평안하다	qǐngjià 휴가 신청하다	yǎnjìng 안경

3. 다음 녹음을 듣고 음절 속에 포함된 운모를 적어보세요. 🔊 15-10

① f＿＿＿xīn (안심하다)　　② r＿＿＿rán (여전히)

③ g＿＿＿zuò (일하다/ 업무)　④ niánq＿＿＿ 젊다, 어리다

⑤ pǔt＿＿＿huà (중국 표준어)　⑥ chūsh＿＿＿ (출생하다)

※ 배운 발음에 특별히 주의하고 안 배운 발음은 녹음을 따라 읽으세요.

Bié jǐnzhāng le.　　　　　　　　긴장하지 마세요.
　(wàng / děng)　　　　　　　　　(잊다 / 기다리다)

Nǐ zài zuò shénme?　　　　　　　뭐 하세요?
Wǒ zhèngzài bāng (wǒ)　　　　　저는 지금 여자 친구를 도와서(여자
　nǚpéngyou mǎi dōngxi.　　　　　친구 대신에) 물건을 사고 있어요.

Huānyíng guānglín.　　　　　　　어서 오세요!

제16강 설치음(z, c, s)

설치음(舌齒音)은 글자의 의미 그대로 혀와 이가 만나서 만들어지는 소리이다. 달리 '설첨전음(舌尖前音)'이라고도 부르는데, 이는 혀끝에서 소리가 나는 것을 강조하는 것이다. 중국어의 설첨음은 크게 '설첨전음', '설첨중음', '설첨후음'으로 구분된다. '설첨중음'은 앞에서 배운 설첨음(d, t, n, l)을 가리키고, '설첨후음'은 통상 '권설음(捲舌音)'이라고 불리는 발음들(zh, ch, sh, r)로 다음 Chapter에서 학습하게 될 것이다. 본 Chapter에서 다루는 세 가지 성모(z, c, s)를 익히기에 앞서, '혀(舌)와 이(齒)의 만남' 그리고 '혀끝(舌尖)' 이 두 가지 핵심 포인트를 미리 염두에 두길 바란다.

Part1 원리 이해

1. 설치음 'z'

① 발음 원리

- [ts] : 혀끝을 윗니 뒤에 갖다 댄 다음 입안의 공기를 완전히 막았다가, 혀끝과 윗니 사이에 살짝 틈을 내어 그 사이로 공기를 밀어내면서 내는 소리이다.
- 파열음과 마찰음의 성격을 동시에 가지고 있는 파찰음(중국어로는 '塞擦音')이며, 공기를 강하게 내뿜지는 않기 때문에 불송기음에 속한다.
- 'z'음은 발음시간이 대단히 짧다. 즉 공기를 막았다가 파찰시켜 소리를 내는 시간이 아주 짧아야 한다.

② 주의사항

- 한국인들은 'z'음을 우리말 'ㅈ' 내지는 'ㅉ'으로 내기 쉽다.
- 우리말 '자전거', '짜장면'을 발음해보면 혀끝이 살짝 들리고 혓바닥의 앞부분이 윗잇몸에 닿게 되는 것이 일반적이다. 그러나 중국어 'z'음은 절대로 그와 같이 발음되어서는 안 되고 혀끝이 반드시 윗니 뒤에 닿아야 한다.
- 일부 교재에서는 중국어 'z'음에 대해서 때로는 '쯔'로 때로는 '즈'로 발음한다고 설명하고 있다. 'z'의 발음 위치 및 요령이 'ㅉ' 및 'ㅈ'과 다르다는 것은 두말할 것도 없고, 상황에 따라서 된소리와 예사소리가 난다는 설명 역시 수용하기 어렵다. 물론 성조의 영향 혹은 앞 음절 마지막 소리의 영향으로 소리가 다소 약화될 수도 있고, 심지어 유성자음 [dz]로 음운변동이 생길 수도 있다. 그러나 일부러 이렇게 발음해서는 곤란하고, 원리에 따라 발음하면서 소리의 변화가 자연스럽게 이루어지도록 하는 것이 바람직하다.

③ 연습방법

- 윗니와 아랫니를 가급적 일직선이 되도록 맞추어 입안의 공간을 충분히 확보한다. 이는 혀끝만 윗니 뒤에 닿게 하기 위해서이다.
- 혀끝을 윗니 뒤에 대고, 우리말 '윳'을 발음하는 것을 떠올리며 입안의 공기를 완전히 막는다.
- 혀끝을 윗니 뒤에서 아주 경쾌하게 떼면서 공기를 파열 후 마찰시키면, 우리말 'ㅉ'과 약간 비슷하면서도 실질적으로는 매우 다른 독특한 소리가 나는 것을 확인할 수 있다.
- 성모 연습 단계에서는 'zi'라고 발음한다. 단 이때 'i'는 IPA로 [i]가 아니고 [ɿ]로 표기되는데, 별도로 존재하는 발음은 아니고 성모 'z, c,

's'가 다른 운모와 결합하지 않고 단독으로 발음될 때만 덧붙여지는 불원순 모음이다. 우리말 '으'와 유사하다는 정도로만 이해하면 된다.

④ 듣고 따라 읽기 🔊 16-1

　　zī　　zá　　zè　　zǔ

　　cf) zo(X), zü(X)

2. 설치음 'c'

① 발음 원리

- [tsʰ] : 파찰음 'z'의 송기음이다.
- 'z'와 같은 요령으로 발음하되 공기를 강하게 내뿜어야 한다.

② 주의사항

- 한국인들은 'c'음을 우리말 'ㅊ'으로 내기 쉽다.
- 우리말 '차차차', '춤추다' 등을 발음해보면 혀끝이 살짝 들리고 혓바닥의 앞부분이 윗잇몸에 닿게 되는 것을 확인할 수 있다. **중국어 'c'음은 이와 달리 혀끝이 반드시 윗니 뒤에 닿아야 한다.**

③ 연습방법

- 요령은 'z'와 거의 같다. '윗니-아랫니 일직선', '혀끝 윗니 뒤'에 특별히 신경 쓴다.
- 우리말 '읓'음을 연상하면서 입안의 공기를 막았다가, 혀끝을 윗니 뒤에서 아주 **경쾌하게** 떼면서 우리말 'ㅊ' 소리를 낸다.
- 성모 연습 단계에서는 'cī'로 읽는다.

④ 듣고 따라 읽기 🔊 16-2

cī   cā   cè   cù

cf) co(X), cü(X)

3. 설치음 's'

① 발음 원리

- [s] : 'z, c'와 마찬가지로 설치음으로 분류되지만, 'z, c'처럼 혀끝이 윗니 뒤에 있을 경우엔 이 발음을 내기가 상당히 어렵다.
- 이 발음을 제대로 내려면 **혀끝은 윗니 뒤에서 자연스럽게 떨어져야** 하고, 살짝 아래로 내려가 **아랫니 뒤에 닿아야** 한다.
- 이렇게 하면 혀끝의 윗부분과 윗니 뒤 사이에 좁은 틈을 만들 수 있는데, 그 틈으로 입안의 공기를 밀어내면서 강하게 마찰시키면 [s]음이 나게 된다.
- 따라서 'z, c'가 파찰음인 것과는 달리 's'는 마찰음(중국어로는 '擦音')에 속한다.

② 주의사항

- 한국인들은 's'음을 우리말 'ㅅ' 내지는 'ㅆ'으로 내기 쉽다.
- 우리말 '소송', '쌈 싸먹다'의 'ㅅ' 혹은 'ㅆ'을 발음해보면 혀끝이 살짝 들리는 것을 확인할 수 있다. 중국어 's'음은 이와는 달리 혀끝이 반드시 아랫니 뒤에 닿아야 한다.

김샘의 발음 Talk

중국인들이 한국어를 배울 때 자음 가운데 가장 애를 먹는 것이 바로 'ㅅ'이다. 이는 자신들의 발음체계 속에 예사소리 'ㅅ'에 해당하는 음이 없기 때문이다. 반대로 생각하면, 우리나라 사람들이 중국어를 구사할 때 이 예사소리 'ㅅ'이 나면 절대로 안 된다는 것을 알 수 있다. 따라서 's'음을 낼 때 마찰을 강하게 하여 한국어의 된소리 혹은 그 이상으로 센 발음을 만들어야 함에 주의할 필요가 있다.

③ 연습방법

- '윗니-아랫니 일직선' 후 우리말 'ㅆ'을 강하게 발음한다.
- 혀끝이 아랫니 뒤에 닿는 것을 확인한다.
- 성모 연습 단계에서는 'sī'로 읽는다.

④ 듣고 따라 읽기 🔊 16-3

sī   sǎ   sè   sú

cf) so(X), sü(X)

Part2 핵심 비법 정리

1. 'z'와 'c'

IPA	위치	성격	측면도	핵심 비법
[ts] [tsʰ]	혀끝 ▶ 윗니 뒤	파찰음 파열 + 마찰		윗니-아랫니 일직선 '읏(읓)' + 공기 차단 ↓ 우리말 'ㅉ' : 'z' 우리말 'ㅊ' : 'c' ☞ 단 혀끝을 아주 경쾌하게 떼야 함

2. 's'

IPA	위치	성격	측면도	핵심 비법
[s]	혀끝 ▶ 아랫니 뒤	마찰음 / 좁은 틈으로 공기를 밀어냄		윗니-아랫니 일직선 ↓ 우리말 'ㅆ'

Part3 연습

1. 큰소리로 따라 읽으며 소리를 분별해보세요. 🔊 16-4

zī / cī / sī   zā / cā / sā

zè / cè / sè   zú / cú / sú

2. 발음을 듣고 큰소리로 따라 읽으세요.

※ 배운 발음에 특별히 주의하고 안 배운 발음은 녹음을 따라 읽으세요.

① z([ʦ]) 🔊 16-5

z**á**zhì 잡지	zēngjiā 증가하다	zìxíngchē 자전거
zūnzhòng 존중하다	chūzūchē 택시	fùzé 책임지다
mínzú 민족	xǐz**ǎ**o 목욕하다	yǐzi 의자

② c([ts']) 🔊 16-6

cǎochǎng 운동장	cídiǎn 사전	cǎopíng 잔디밭
cōng·míng 총명하다	chīcù 질투하다	gāngcái 방금, 막
jīngcǎi 멋지다, 훌륭하다	nóngcūn 농촌	pàocài 김치

③ s([s]) 🔊 16-7

sànbù 산보하다	suīrán 비록 ~하지만	suíbiàn 마음대로 하다
sùshè 기숙사	bǐsài 경기, 시합	dǎ·suàn ~할 작정이다
késou 기침하다	yánsè 색, 색깔	yǒuyìsi 재미있다.

3. 다음 녹음을 듣고 음절 속에 포함된 성모를 적어보세요. 🔊 16-8

① __àidān (메뉴) ② __uǒyǐ (그래서)

③ __uǒyòu (좌우/ 가량, 안팎) ④ gōng__uò (일하다)

⑤ gào__u 알리다, 말해주다 ⑥ shēng__í (새 단어)

Part4 생활 회화 🔊 16-9

※ 배운 발음에 특별히 주의하고 안 배운 발음은 녹음을 따라 읽으세요.

Wéi, Jīn xiānsheng zài ma? 여보세요, 김 선생님(MR. 김) 계십니까?

Tā gāng chūqu. Nín shì nǎ (yí) wèi? 방금 나갔는데요. 누구세요?

Wǒ shì tā zǔzhǎng, jiào Sòng Chéngxiàn. 저는 회사 팀장이고 송승헌이라고 합니다.

Máfan nǐ jiào tā gěi wǒ huí ge 제게 전화 좀 하라고 해주시겠습니까?

diànhuà, hǎo ma?

Hǎo.   네. 알겠습니다.

Wǒ de diànhuà hàomǎ shì   제 전화번호는 13585579373입니다.
   13585579373.

Nǐ dǎcuò le.   전화 잘못 거셨네요.

Bù hǎo yìsi.   죄송합니다.

Chapter 9

대비음운모(NG)Ⅱ, 설첨후음

제17강 대비음운모(NG) Ⅱ (uang, ueng, iang, iong)

1. 대비음운모 'uang'

① 발음 원리

- [uɑŋ] : 대비음운모 [ɑŋ] 앞에 운두 [u]를 붙인 것이다.

- 운두 [u]를 짧지만 정확하게 내고 [ɑŋ]과 끊어짐 없이 이어지게 해야 한다.

- 주요모음 'ɑ'는 입을 크게 벌려서 가장 길고 분명하게 발음해야 한다.

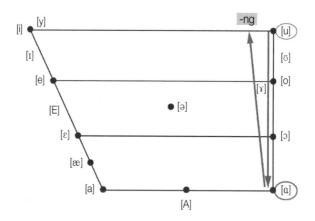

② 주의사항

- 한국인들은 'uɑng'를 '왕자'의 '왕'과 같이 발음하기 쉽다.

- 중국어 'uang'는 결코 단숨에 발음되지 않고, 또렷하게 'u'에서 시작하여 'ang'로 발음이 진행되어야 한다.
- [ɑ] 발음에서 [ŋ]로 넘어갈 때 **입모양 유지**에 신경 쓴다. 즉 운미 'ng'를 발음하면서 입이 급하게 다물어지지 않도록 주의해야 한다.

③ 연습방법
- [u]와 [ɑŋ]의 발음은 각각 Chapter2와 Chapter8을 참조하기 바람.
- 'u'를 발음할 때 혀끝을 혀 밑 말랑말랑한 부분에 대고 입을 쭉 내밀어줘야 하는 것에 특히 신경 쓴다.
- [u]를 짧지만 정확하게 발음한 다음 입을 크게 벌리면서 [ɑŋ]음을 낸다.
- '입술 앞으로 쭉'하고 발성을 시작한 다음([u]), 바로 이어서 우리말 '(과도음늑와)아아웅'을 발음한다는 느낌으로 연습해도 좋다. 단, '아' 소리 이후에는 입모양이 끝까지 그대로 유지되어야 한다.(중요!)
- [u] - [ɑ] - [ɑ] - [ŋ]과 같은 느낌을 살려본다.

④ 듣고 따라 읽기 🔊 17-1

    uāng(wāng)   guàng

    cf) muang(X), buang(X), nuang(X), duang(X)

※ 한어병음 표기법상 성모 없이 단독으로 발음될 때는 u를 w로 고쳐서 쓴다. uang과 결합할 수 있는 성모로는 g 이외에도 k, h, zh, ch, sh가 있다.

2. 대비음운모 'ueng'

① 발음 원리
- [uəŋ] : 대비음운모 [əŋ] 앞에 운두 [u]를 붙인 것이다.
- 운두 [u]를 짧지만 정확하게 내고 [əŋ]과 끊어짐 없이 이어지게 해야

한다.
- 주요모음 'e'는 입을 절반 정도 벌려서 가장 길고 분명하게 발음해야
  한다.

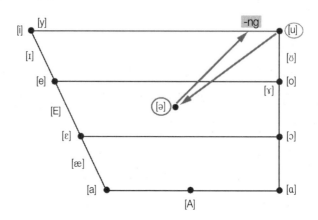

② 주의사항
- 한국인들은 'ueng'를 '웡'으로 발음하기 쉽다.
- 중국어 'ueng'는 결코 단숨에 발음되지 않고, 또렷하게 'u'에서 시작하여
  'eng'로 발음이 진행되어야 한다.
- [ə] 발음에서 [ŋ]로 넘어갈 때 입모양 유지에 신경 쓴다.

③ 연습방법
- [u]와 [əŋ]의 발음은 각각 Chapter2와 Chapter8을 참조하기 바람.
- [u]음을 짧지만 정확하게 낸 다음, 입을 절반 정도 벌리면서 [əŋ]음을
  낸다.
- '입술 앞으로 쭉'하고 발성을 시작한 다음([u]), 바로 이어서 우리말 '(과도
  음늑워)어어웅'을 발음한다는 느낌으로 연습해도 좋다. '어' 소리 이후

에는 입모양이 끝까지 그대로 유지되어야 한다.(중요!)

- [u] - [ə] - [ə] - [ŋ]과 같은 느낌으로 연습해본다.

④ 듣고 따라 읽기 🔊 17-2

　　uēng(wēng)

　　cf) mueng(X), bueng(X), nueng(X), dueng(X), gueng(X)

※ 한어병음 표기법상 성모 없이 단독으로 발음될 때는 u를 w로 고쳐서 쓴다.
　　중국어에서 운모 ueng와 결합할 수 있는 성모는 따로 존재하지 않는다.

3. 대비음운모 'iang'

① 발음 원리

- [iaŋ] : 대비음운모 [aŋ] 앞에 운두 [i]를 붙인 것이다.

- 운두 [i]를 짧지만 정확하게 발음하고 [aŋ]과 끊어짐 없이 이어지게
　해야 한다.

- 주요모음 'a'는 입을 크게 벌려서 가장 길고 분명하게 발음해야 한다.

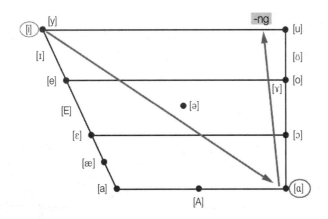

② 주의사항

- 한국인들은 'iang'를 '양'으로 발음하기 쉽다.

- 중국어 'iang'는 결코 단숨에 발음되지 않고, 또렷하게 'i'에서 시작하여 'ang'로 발음이 진행되어야 한다.
- [ɑ] 발음에서 [ŋ]로 넘어갈 때 입모양 유지에 신경 쓴다.

③ 연습방법
- [i]와 [ɑŋ]의 발음은 각각 Chapter2와 Chapter8을 참조하기 바람.
- 'i'를 발음할 때는 '입꼬리에 힘, 입술 평평'에 반드시 주의할 것.
- [i]음을 짧지만 정확하게 낸 다음 입을 크게 벌리면서 [ɑŋ]음을 낸다.
- '입꼬리 힘, 입술 평평'하고 발성을 시작한 다음([i]), 바로 이어서 우리말 '(과도음능야) '아아응'을 발음한다는 느낌으로 연습해도 좋다. '아' 소리 이후에는 입모양이 끝까지 그대로 유지되어야 한다.(중요!)
- [i] - [ɑ] - [ɑ] - [ŋ]과 같은 느낌을 살려본다.

④ 듣고 따라 읽기 🔊 17-3

　　iāng(yāng)　　　niáng

　　cf) miang(X), biang(X)*, diang(X), giang(X)

※ 한어병음 표기법상 성모 없이 단독으로 발음될 때는 iang를 yang로 표기한다. 'iang'과 결합할 수 있는 성모는 n 이외에도 l, j, q, x가 더 있다.
　　ex) liǎng, jiàng, qiāng, xiǎng

┌─ 김샘의 발음 Talk ─────────────────

　중국 산시(陝西)성 음식 가운데 biángbiángmiàn (뱡뱡몐)이라는 것이 있다. 그러나 이는 아주 특수한 예이기 때문에 표준 중국어 음운 체계에 biang 음이 존재한다고 말하기는 힘들다.

4. 대비음운모 'iong'

① 발음 원리

- [yŋ]: 한어병음 표기상 대비음운모 [ŏŋ] 앞에 운두 [i]를 붙이면 될 것처럼 보이나, 음운학적으로는 일반적으로 'ü([y])'에 운미 'ng([ŋ])'가 붙는 것으로 설명하며[1] 실제 발음도 대체로 그와 같다. 특히 성모가 없는 경우(즉 零聲母)에서는 더욱 그렇게 발음된다.

- 다만 'iong' 앞에 성모(j, q, x)가 나타나게 되면 [i]음이 좀 더 분명하게 살아나는 듯한 느낌이 있는 관계로, 일각에서는 [yŋ]을 부정하고 [iuŋ]만을 인정하거나[2] [iuŋ], [iŏŋ], [yŋ]을 모두 인정하기도 한다.[3] 또한 'iong'를 발음할 때 알파벳 읽듯이 입술을 납작하게 해서 'i' 소리를 내다가 점차 입술을 오므리면서 'ong' 소리를 내면 좋지 않은 발음이 되므로, 이 운모를 발음할 때 입술모양은 처음부터 끝까지 거의 변함 없이 둥근 모양을 유지해야 한다고 주장하면서, 'iong'의 정확한 발음으로 [jʊ̃ŋ] 또는 [iₒʊ̃ŋ]을 제시한 사례도 있다.(※ [i] 아래의 조그만 'ɔ' 기호는 '원순성'이 강함을 표시하는 국제음성부호로 [i]를 원순화시켜 발음해야 함을 나타낸다)[4]

- 'iong'와 결합할 수 있는 성모는 j, q, x뿐이다. 이들 세 성모는 발음을 시작할 때 기본적으로 입모양이 'i'에 근접하며(본서 Chapter7 '설면음' 부분 참조 바람), 실제로 단운모 'i' 혹은 운두 [i]가 포함된 운모와 잘 결합한다. 한편 단운모 'ü'의 음가와 관련하여, 발음이 시작될 때 두 입술은 아주 가까이 접근한 평순의 상태에 있으므로 원순을 만들

---

1) '한어병음방안(漢語拼音方案)' 속 '운모표(韻母表)'에서는 'iong'의 발음과 관련하여 주음부호(注音符號) 'ㄩㄥ'를 병기하고 있다. 참고로 'ㄩ'는 ü([y])와 소리가 같다.
2) 안영희, 《현대중국어 음성학》, 서울: 한국HSK사무국, 2016, 190쪽.
3) 仇鑫奕, 《外國人漢語發音訓練》, 144쪽.
4) 박종한 등, 《중국어의 비밀》, 374쪽.

때 아주 짧은 평순음 [i]의 생성을 피할 수 없기 때문에, 엄격히 말해서 이 음을 단순모음이라고 하기 어렵고 정확히는 [iy]로 표기할 수 있다는 의견도 제시된 바 있다.[5]

- 이상의 논의를 종합하여, 본서에서는 'iong'의 발음표기와 관련하여 [yŋ]을 기본으로 채택하고, 설면음 성모(j, q, x)가 그 앞에 나타날 경우에만 성모의 성격으로 말미암아 [i]음이 자연스럽게 살짝 첨가되는 것으로 설명하고자 한다.

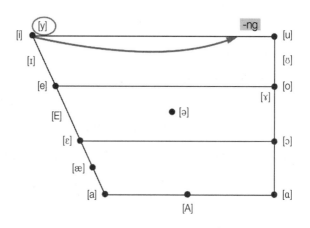

② 주의사항

- 한국인들은 'iong'를 '용'으로 발음하기 쉽다.
- 중국어 'iong'는 대체로 단숨에 발음되지 않고, [y](※ 앞에 가벼운 [i]음이 살짝 나올 수도 있음)에서 시작하여 [ŋ]로 발음이 진행되어야 한다. 'iong' 속 'o'의 실제음이 [o]가 아님에 주의한다.
- [y]에서 [ŋ]로 넘어갈 때 입모양은 가급적 끝까지 유지하는 것이 좋다.

---

5) 안영희, 《현대중국어 음성학》, 145쪽.

다만 혀의 이동에 대해서는 특별한 주의를 요한다. 대체로 말해서 입모양을 제외하면 Chapter8에서 설명한 'ing'의 혀 이동과 거의 같다. 즉 혀끝은 아랫니 뒤에서 혀 밑 말랑말랑한 부분으로 이동하고 혀뿌리는 점차 연구개 방향으로 올라가야 한다. 이 과정에서 과도음이 구현되는데 그 대표 소리로 학자들은 보통 [ʊ]를 제시한다.[6]

③ 연습방법

- [y]의 발음 방법은 Chapter2 단운모 'ü' 부분을 참조하기 바람.
- [y]를 짧게 발음하고 바로 이어서 위 '주의사항'에서 언급한 혀끝과 혀뿌리의 이동을 진행한다. 마지막으로 혀뿌리를 연구개에 닿게 하고 공기를 비강으로 흐르게 하여 [ŋ]음을 완성한다.
- 과도음이 나는 동안 어금니가 붙어 있지 않은지 꼭 살펴봐야 한다. [ʊ]로 대표되는 'iong'의 과도음은 어금니가 떨어진 상태에서 발음된다.
- [y]음을 짧고 정확하게 낸 다음, 발성을 유지한 채로 혀끝을 혀 밑 말랑말랑한 부분으로 천천히 옮기면서 끝에 우리말 '응'음을 살짝 붙인다는 느낌으로 연습해도 좋다.
- [y]-과도음(혀끝 후진)-[ŋ]과 같은 느낌을 살려본다.

④ 듣고 따라 읽기 🔊 17-4

iōng(yōng)

cf) miong(X), biong(X), niong(X), diong(X), giong(X)

---

6) 이에 따라 'iong'의 발음을 약식전사법으로는 [yŋ], 정밀전사법으로는 [yʊ̃ŋ]으로 표기하거나, [y] 앞에 [i]음이 살짝 나타나는 것을 반영하여 [iyʊ̃ŋ]로 표기한 예도 있다. (배은한, 〈중국어 운모 /iong/의 음가 분석 및 분류 문제 고찰〉, 《中國文學硏究》50집, 2016, 267쪽; 徐世榮, 《普通話語音常識》, 北京: 語文出版社, 1999, 65쪽 참조)

※ 한어병음 표기법상 성모 없이 단독으로 발음될 때는 iong를 yong로 표기한
다. 'iong'과 결합할 수 있는 성모는 j, q, x밖에 없다.
ex) jiǒng, qióng, xiōng

1. 'uɑng'

IPA	입모양(앞)	입모양(측면)		핵심 비법
[uɑŋ]	원순 → 평순	혀끝	혀 밑 말랑말랑 부분	입 쭉 내밀고 '우' 짧게 ↓ (연이어) 입 크기 최대 우리말 '아'를 길고 분명하게 ↓ 입모양 그대로 유지(중요) 우리말 '응' 짧게
				※ '입술 앞으로 쭉'하고 발성을 시작한 다음([u]), 우리말 '(과도음ㅋ와)아 아응'을 발음해도 됨. '아' 이후 입모양 유지!
				[u] - [ɑ] - [ɑ] - [ŋ]

2. 'ueng'

IPA	입모양(앞)	입모양(측면)		핵심 비법
[uəŋ]	원순 → 평순	혀끝	혀 밑 말랑말랑 부분	입 쭉 내밀고 '우' 짧게 ↓ (연이어) 입 크기 절반 우리말 '어'를 길고

IPA	입모양(앞)	입모양(측면)	핵심 비법
			분명하게 ↓ 입모양 그대로 유지(중요) 우리말 '응' 짧게 ※ '입술 앞으로 쭉'하고 발성을 시작한 다음([u]), 우리말 '(과도음늑워)어 어응'을 발음해도 됨. '어' 이후 입모양 유지! [u] - [ə] - [ə] - [ŋ]

3. 'iang'

IPA	입모양(앞)		입모양(측면)		핵심 비법
	평순		혀끝	아랫니 뒤 ([i]) → 혀 밑 말랑말랑 부분([aŋ])	입꼬리 힘, 입술 평평 우리말 '이' 짧게 ↓ (연이어) 입 크기 최대 우리말 '아'를 길고 분명하게 ↓ 입모양 그대로 유지(중요) 우리말 '응' 짧게 ※ '입꼬리 힘, 입술 평평'하고 발성을 시작한 다음([i]), 우리말 '(과도음늑야)아아응'을 발음해도 됨. '아' 이후 입모양 유지! [i] - [a] - [a] - [ŋ]
[iaŋ]					

4. 'iong'

IPA	입모양(앞)	입모양(측면)		핵심 비법
[yŋ]	원순 (※ 시작 부분에서 살짝 평순이 나타날 수 있음) 	혀끝 →	아랫니 뒤 ([y]) 혀 밑 말랑말랑 부분([ŋ]) 	'ü'음을 짧지만 정확하게 발음 ↓ 발성 유지 + 혀끝(→), 혀뿌리(↑) 이동 ↓ 입모양 그대로 유지(중요) 우리말 '웅' 짧게 [y]-과도음(혀끝 후진)-[ŋ]

Part3 연습

1. 큰소리로 따라 읽으며 소리를 분별해보세요. ◀)) 17-5

wāng / wēng   yāng / yōng

jiǎng / jiǒng   qiáng / qióng   xiāng / xiōng

2. 발음을 듣고 큰소리로 따라 읽으세요.

※ 배운 운모에 특별히 주의하고 안 배운 발음은 녹음을 따라 읽으세요.

① uɑng([uɑŋ]) ◀)) 17-6

chuānghu 창문, 창	guānguāng 관광하다	huángsè 노랑, 노란색
kuàngquánshuǐ 광천수	qíngkuàng 상황, 정황	xīwàng 희망하다, 바라다

② ueng([uəŋ]) 🔊 17-7

lǎowēng 늙은이, 노인	shuǐwèng 물독

③ iang([iɑŋ]) 🔊 17-8

fāngxiàng 방향	hǎoxiàng 마치 ~와 같다	hùxiāng 서로, 상호
jiānglái 장래, 미래	yíyàng 같다, 동일하다	zhàoxiàngjī 사진기

④ iong([iʊŋ]) 🔊 17-9

dàxióngmāo 자이언트 팬더	fèiyòng 비용, 지출	jiǒngjìng 궁지, 곤경
nàháiyòngshuō 두말 하면 잔소리!	shǐyòng 사용하다	yǒngyuǎn 영원히

3. 다음 녹음을 듣고 음절 속에 포함된 운모를 적어보세요. 🔊 17-10

① x_____xìn (믿다)　　② w_____zhàn (웹사이트)

③ sàiw_____shīmǎ (새옹지마)　④ qǐch_____ (잠자리에서 일어 나다)

⑤ q_____rén (가난뱅이)　　⑥ zhèy_____ (이렇다, 이와 같다)

Part4 **생활 회화**　　🔊 17-11

※ 배운 발음에 특별히 주의하고 안 배운 발음은 녹음을 따라 읽으세요.

Wǒmen míngtiān zǎoshang jǐ diǎn　우리 내일 아침 몇 시에 일어나요?
qǐchuáng?

(chūfā / chīfàn)   (출발해요? / 밥 먹어요?)
Bā diǎn.   8시.

Zhè píngguǒ zěnme mài?   이 사과 어떻게 팔아요?
Sì kuài qián yì jīn.   한 근(500g)에 4위안입니다.
Wǒ yào liǎng jīn.   그럼 두 근 주세요.

Nǐ yǒu shùmǎxiàngjī ma?   디지털카메라 가지고 있어?
(máobǐ / xiàngpí / xiūzhèngyè) (붓 / 지우개 / 수정액)
Yǒu.   있어.
Nà(me) jiè wǒ yòng yíxià,   그럼 나 좀 빌려주면 안 될까?
    xíng bù xíng?
(hǎo bù hǎo / kěyǐ ma)
Xíng.   그래 (가져다 써).
(Hǎo / Kěyǐ)

제18강 설첨후음(zh, ch, sh, r)

중국어의 설첨후음(舌尖後音)을 흔히들 '권설음(捲舌音)'이라고 부른다. 이는 발음 과정에서 혀가 뒤로 말린다고 생각하여 붙인 명칭이다. 그러나 이 발음이 만들어지는 모양을 자세히 살펴보면 혀가 실제로는 말리지 않는다. 혀끝이 위로 치켜 올라가는 동작이 이뤄질 뿐이다. 따라서 조음 동작을 바탕으로 명칭을 붙이자면 '교설음(翹舌音)'이라는 명칭이 더욱 적합하다. 본서에서는 성모와 관련하여 줄곧 조음 위치에 따른 명칭을 써왔기 때문에 이 발음들을 '설첨후음'으로 통일하여 부르기로 한다. 기타 설첨음으로 설첨전음(설치음 z, c, s)과 설첨중음(설첨음 d, t, n, l)을 이미 배운 바 있다. 설첨후음이 이들 성모들과 어떤 공통점이 있는지 그리고 조음 위치가 달라짐에 따라 어떤 차이점이 나타나는지에 주목하길 바란다.

Part1 원리 이해

1. 설첨후음 'zh'

① 발음 원리

- [tʂ] : 혀끝을 경구개 쪽으로[7] 들어 올려 혀끝을 비롯한 혀의 가장자

---

7) 보다 엄밀하게 말하면, 윗잇몸과 경구개 사이의 경계선(전문 용어로 치경돌기부, alveolar ridge) 뒷부분, 즉 경구개의 앞부분이다.(박종한 등, 《중국어의 비밀》, 360쪽 참조) 혹은 혀끝을 조금 더 위로 이동시켜 경구개가 꺾이는 위치에 두어도 무방하다. 학생들을 지도한 경험에 의하면, 초급 수준의 학습자들에게는 후자 쪽이 보다 연습하기 용이하고 좋은 발음을 기대할 수 있었다.

리 전체를 입천장에 밀착시킨다. 그런 다음 입안의 공기를 완전히 막는다. 이때 공기는 앞으로 나오지 못하고 입천장과 혓바닥 사이의 공간에 갇히게 된다. 이 상태에서 혀끝을 입천장에서 살짝 떼어 작은 틈을 내고, 그 틈으로 공기를 단번에 밀어내면 설첨후음 'zh'를 발음할 수 있다.

- 파열음과 마찰음의 성격을 동시에 가지고 있는 파찰음(중국어로는 '塞擦音')이며, 공기를 강하게 내뿜지는 않기 때문에 불송기음에 속한다.

② 주의사항
- 한국인들은 'zh'음을 우리말 'ㅈ' 내지는 'ㅉ'으로 내기 쉽다.
- 그러나 'j, z'음을 설명하면서 말한 것처럼, 중국어에는 우리말 'ㅈ'과 똑같은 발음이 거의 존재하지 않는다.
- 설첨후음을 지도해보면 '권설음'이라는 잘못된 명칭과 영어 'r' 발음의 영향을 받아 혀끝을 과도하게 뒤로 보내는 학생들이 있다. 이렇게 발음하면 올바른 소리가 나지 않을 뿐만 아니라 발성조차 힘들다.
- 또한 혀를 들어올리기는 하는데 혀끝이 경구개에 닿지 않거나, 혹은 닿더라도 혀의 가장자리 전체를 입천장에 밀착시키지 않아, 일단 한번 갇혔다가 나와야 하는 공기가 미리 새어버리는 현상도 중국어를 처음 배우는 학생들에게서 흔히 나타난다.

┌─ 김샘의 발음 Talk ─
· 중국에서도 일부 지역, 특히 남방에서는 설첨후음이 제대로 나지 않는 경우가 많다. 또한 대만(臺灣) 사람들도 설첨후음을 잘 내지 못하는 편이다. 이런 이유로, 또한 발음이 어렵고 귀찮다는 이유로 설첨후음을 제대로 익히지 않으려는 사람들이 있을 수도 있다. 그러나 설치음, 설면음, 설첨후음이 제대로 구분되지 않으면 말소리가 잘 분별되지 않아 의사소통에 영향을 줄 수 있다. 가령 민족주

의(mínzúzhǔyì)와 민주주의(mínzhǔzhǔyì)는 구분이 되어야 하지 않을까? 생선가시(yúcì)와 샥스핀(yúchì)도 달리 발음할 수 있어야 하지 않을까?

· 일부 교재에서는 'z'는 'ㅉ'로 'zh'는 'ㅈ'으로 발음하라고 한다. 아울러 국립국어원의 중국어 한글 표기법에서도 'z'는 'ㅉ'과 'zh'는 'ㅈ'과 대응시키고 있다. 급기야는 중국의 zhájiàngmiàn(炸醬面) 발음에 근거하여 '짜장면'을 '자장면'으로 불러야 한다고 했다가, 최근에는 둘 다 허용하는 황당한 일도 벌어진 바 있다. yóukè를 '유커'로 규정하는 표기법의 모순은 차치하고서라도, 중국 zhájiàng-miàn의 발음을 근거로 우리가 먹는 짜장면의 표기를 고치려 든 것은 부적절하다고 생각한다. 짜장면이 중국에서 유래되었을지라도 zhájiàngmiàn과는 이미 전혀 다른 음식이 되었다. 당시 '자장면'이라고 표준어를 정한 사람들이 중국 발음에 그렇게 집착하였다면, 그들이 만든 표기법에 따라 차라리 '자장몐'이라고 했어야 하지 않았을까? 앞의 '자장'은 중국 발음을 참조하고 '면'은 우리말 습관을 따르는 식의 어처구니없는 표준어 제정이 더 이상 없기를 바랄 따름이다.

③ 연습방법
- 혀끝을 경구개에 갖다 댄 다음, 혀의 가장자리 전체를 입천장에 밀착시킨다.
- 우리말 '읏' 발음을 떠올리며 입안의 공기를 완전히 막는다.
- 혀끝을 살짝 떼면서 우리말 'ㅉ' 소리를 낸다. 조음 위치가 다를 뿐 발음 요령은 'z'와 비슷하다.
- 성모 연습 단계에서는 'zhī'라고 발음한다. 이때 'i'의 IPA는 [ɿ]로 표기된다. 이는 성모 'zh, ch, sh, r'가 다른 운모와 결합하지 않고 단독으로 발음될 때만 덧붙여지는 불원순 모음이다. 우리말 '으'와 유사하다는 정도로만 이해하면 된다.

④ 듣고 따라 읽기 🔊 18-1
   zhī   zhá   zhě   zhù
   cf) zho(X), zhü(X)

2. 설첨후음 'ch'

① 발음 원리

- [tʂ'] : 파찰음 'zh'의 송기음이다.
- 'zh'와 같은 요령으로 발음하되 공기를 강하게 내뿜어야 한다.

② 주의사항

- 한국인들은 'ch'를 우리말 'ㅊ'으로 내기 쉽다.
- 기타 발음상의 주의사항은 'zh'를 참조하기 바람.

③ 연습방법

- 요령은 'zh'와 거의 같다.
- 우리말 '읓' 발음을 연상하면서 입안의 공기를 막았다가, 혀끝을 살짝 떼면서 우리말 'ㅊ' 소리를 낸다.
- 성모 연습 단계에서는 'chī'라고 발음한다.

④ 듣고 따라 읽기 🔊 18-2

    chī   chà   chě   chú

    cf) cho(X), chü(X)

3. 설첨후음 'sh'

① 발음 원리

- [ʂ] : 'zh, ch'와 입 모양과 혀 모양이 동일하나 혀끝이 경구개에 붙지는 않는다.
- 처음부터 혀끝을 경구개에서 살짝 떼어 작은 틈을 내고, 그 틈으로 공기를 밀어내면서 마찰시키면 설첨후음 'sh'를 발음할 수 있다. 'zh,

ch'에서 파열의 동작이 빠진 마찰음(중국어로는 '擦音')으로 이해해도 무방하다.

② 주의사항
- 한국인들은 'sh'를 우리말 'ㅅ'으로 내기 쉽다.
- 기타 발음상의 주의사항은 'zh'를 참조하기 바람. 특히 공기가 혀의 옆쪽으로 새어버려서는 곤란하고, 반드시 '앞쪽으로' 혀끝과 입천장 사이에 형성된 좁은 틈으로 나와야 함에 신경 쓴다.

③ 연습방법
- 발음의 시작은 'zh, ch'와 거의 비슷하다. 같은 입 모양과 혀 모양을 한 상태에서, 혀끝만 살짝 내려 혀끝 윗부분과 경구개에 좁은 틈을 만든 후 공기를 강하게 밖으로 밀어내면서 우리말 'ㅅ'을 발음한다.
- 'zhi'를 먼저 발음한 뒤 그 상태에서 우리말 'ㅅ'을 발음해도 무방하다.
- 성모 연습 단계에서는 'shī'라고 읽는다.

④ 듣고 따라 읽기 🔊 18-3

shī   shǎ   shé   shù
cf) sho(X), shü(X)

4. 설첨후음 'r'
① 발음 원리
- [ʐ] 혹은 [ɻ] : 두 가지 발음이 모두 통용될 수 있다. [ʐ]일 경우 'sh([ʂ])'와 마찬가지로 마찰음이며 발음 원리 또한 거의 같다. [ʂ]가 청음(淸音, 무성음)인데 반해 [ʐ]는 탁음(濁音, 유성음)이라는 점이 다를 뿐이다.

- 최근에는 성모 'r'이 대체로 경미한 마찰만 있을 뿐이고, 청음 [ʂ]와 대립하는 탁음으로만 보는 것은 옳지 않다고 판단하면서, 그것의 발음을 접근음(approximant) [ɻ]로 표기하는 경우가 보다 많아지고 있다.[8]

② 주의사항
- 한국인들은 'r'을 우리말 'ㄹ'로 내기 쉽다.
- 'r'을 우리말 'ㄹ'처럼 발음하다 보면 자칫 혀끝이 입천장 내지는 윗잇몸에 닿게 될 수가 있다. 중국어 'r'을 발음할 때 혀끝은 절대로 입천장과 윗잇몸에 닿아서는 안 된다.
- 한국인들은 성모 'r'을 발음한 다음 운모로 넘어가는 것이 부자연스러운 경우가 많다. 다시 말해 'r'음을 낸 다음 바로 운모를 발음할 수 있도록 입과 혀가 움직여야 하는데, 혀끝이 입천장 주변에 계속 머물러 있는 상태에서 다음 운모의 발음을 제대로 내지 못하는 상황을 자주 목격한다. 이러한 현상은 'zh, ch, sh'에서도 나타나는데, 학생들을 지도해본 경험에 따르면 'r'에서 좀 더 두드러진다. 이 문제에 관해서는 다음 Chapter10에서 보다 자세히 다루도록 하겠다.

> **김샘의 발음 Talk**
>
> 일부 교재에서는 'r'의 발음을 설명하면서, 우리말 'ㄹ'과 르를 참조하도록 하고 있다. 'sh'를 먼저 가르치고 그것에 기반하여 'r' 발음을 가르치면 쉽게 정확한 발음을 지도할 수 있는데, 'ㄹ'과 르를 개입시킴으로써 오히려 발음상의 혼란만 가중시키고 있다. 'r'을 한글로 표기할 때는 어쩔 수 없이 'ㄹ'을 쓸 수밖에 없겠지

---

8) 林燾·王理嘉,《중국어음성학》, 127-128쪽 및 147쪽 참조. 이 책에서 저자들은 미국 영어의 'r'도 [ɻ]로 표기되기는 하지만, 북경어 'r'의 경우 미국영어처럼 입술을 오므리지는 않는다고 하였다. 바꾸어 말하면, 입술을 오므리지 않고 미국영어의 'r'음을 내면 북경어의 'r'에 가까워진다고도 할 수 있겠다.

만, 중국어 발음을 익히는 상황에서는 'r'과 'ㄹ'은 전혀 관계없다고 생각하는 편이 좋겠다.

③ 연습방법

- [ʐ]: 'sh'를 내는 것과 똑같은 요령으로 발음하되 성대만 진동시켜주면 된다.
- [ɻ]: 혀끝을 치켜 올리는 것은 [ʐ]와 비슷하지만, [ʐ]에 비해 혀끝을 살짝 낮춰서 마찰을 크게 줄여 발음한다.
- 성모 연습 단계에서는 제4성 'rì'로 발음한다. 이는 'rī'에 해당하는 말이 중국어에 없기 때문이다.

④ 듣고 따라 읽기 🔊 18-4

　　rì　　rě　　rú

　　cf) ra(X), ro(X), rü(X)

1. 'zh'와 'ch'

IPA	위치	성격	측면도	핵심 비법
[tʂ] [tʂʰ]	혀끝 ▶ 경구개	파찰음 파열 + 마찰		혀 가장자리 입천장 밀착 ↓ '읏(읒)' 발음 연상 ↓ 우리말 'ㅉ' : 'zh' 우리말 'ㅊ' : 'ch'

2. 'sh'와 'r'

IPA	위치	성격	측면도	핵심 비법
[ʂ] [ʐ]	혀끝 ▷ 경구개	마찰음		'zh, ch'와 같은 입 모양, 혀 모양 ↓ 혀끝만 살짝 떼고 우리말 'ㅅ' : 'sh'
		좁은 틈으로 공기를 밀어냄	r	성대진동 : 'r([ʐ])' ※ 일상에서는 [ʐ]보다 마찰을 크게 줄여 [ɻ] 로 발음하는 경우가 많음

Part3 연습

1. 큰소리로 따라 읽으며 소리를 분별해보세요. ◀》 18-5

zhī / chī / shī / rì   zhá / chá / shá

zhě / chě / shě / rě   zhù / chù / shù / rù

2. 발음을 듣고 큰소리로 따라 읽으세요.

① zh([tʂ]) ◀》 18-6

zhī·dào 알다	zháojí 조급해하다	zhǔnbèi 준비하다
bāngzhù 돕다 / 원조	chūzhōng 중학교	dìzhǐ 주소
rènzhēn 진지하다, 착실하다	wǎngzhàn 웹사이트	yánzhòng 위급하다, 엄중하다

② ch([tʂʻ]) ◀》 18-7

chàbuduō 비슷하다/ 거의	chēzhàn 터미널, 정거장	chúfáng 주방, 부엌
cāochǎng 운동장	fēicháng 대단히, 매우	hǎochī 맛있다다
lǜchá 녹차	qīngchu 분명하다, 뚜렷하다	wánchéng 완성하다, 끝내다

③ sh([ʂ]) ◀》 18-8

shāngdiàn 상점	shèhuì 사회	shíhou 시각, 때
biǎoshì 표시하다, 나타내다	chūshēng 출생하다	jièshào 소개하다
mǎshàng 곧, 즉시	tīngshuō 듣자하니	wèi shénme 왜, 무엇 때문에

④ r([ʐ]) ◀》 18-9

ránhòu 그 다음에	rèqíng 열정적이다/ 열정	rēngdiào 던져 버리다, 내버리다
bǐrú 예컨대	niúròu 쇠고기	shōurù 수입

3. 다음 녹음을 듣고 음절 속에 포함된 성모를 적어보세요. ◀》 18-10

① ____òngyào (중요하다) ② __ènshi (알다, 인식하다)

③ hù____ào (여권) ④ ____uǐpíng (수평, 수준)

⑤ ____ǎngmiàn (장면, scene) ⑥ tū__án (갑자기)

Qǐng wèn, qù Shǒu'ěr Huǒchēzhàn zěnme zǒu?

　　말씀 좀 여쭙겠습니다. 서울역은 어떻게 가나요?

Yìzhí zǒu, ránhòu zài dì-yī ge shízìlùkǒu wǎng yòu guǎi. / zuǒ

　　곧장 앞으로 가시다가 첫 번째 사거리에서 우회전 하세요. / 좌회전

Lí zhèr yǒu duō yuǎn? Yào zuòchē ma?

　　여기서 얼마나 머나요? 차를 타야 합니까?

Bú yòng zuòchē. Zǒu wǔ fēnzhōng jiù dào le.

　　차를 탈 필요는 없어요. 5분 걸으시면 도착합니다.

Nǐ (yǒu) duō gāo / zhòng?

　　키가 얼마세요? / 몸무게가 얼마나 나가세요?

멋진 발음으로(Ⅲ)

- 중국노래 부르기

Yuèliang dàibiǎo wǒ de(di) xīn

Nǐ wèn wǒ ài nǐ yǒu duō **shēn**

Wǒ ài nǐ yǒu jǐ **fēn**

Wǒ di qíng yě **zhēn**

Wǒ di ài yě **zhēn**

Yuèliang dàibiǎo wǒ di **xīn**

Nǐ wèn wǒ ài nǐ yǒu duō **shēn**

Wǒ ài nǐ yǒu jǐ **fēn**

Wǒ di qíng bù yí

Wǒ di ài bú **biàn**

Yuèliang dàibiǎo wǒ di **xīn**

Qīng qīng di yí ge **wěn**

Yǐjīng dǎdòng wǒ di **xīn**

Shēn shēn di yí duàn qíng

Jiào wǒ sīniàn dào rú**jīn**

Nǐ wèn wǒ ài nǐ yǒu duō **shēn**

Wǒ ài nǐ yǒu jǐ **fēn**

Nǐ qù xiǎng yì xiǎng

Nǐ qù kàn yí **kàn**

Yuèliang dàibiǎo wǒ di **xīn**

你问我爱你有多**深**, 我爱你有几**分**

我的情也**真**, 我的爱也**真**, 月亮代表我的**心**

你问我爱你有多**深**, 我爱你有几**分**

我的情不移, 我的爱不**变**, 月亮代表我的**心**

轻轻的一个**吻**, 已经打动我的**心**,

深深的一段情, 叫我思念到如**今**

你问我爱你有多**深**, 我爱你有几**分**

你去想一想, 你去看一**看**, 月亮代表我的**心**

※ 진한 색으로 표시한 부분은 이 노래의 운자(韻字)임.

번역

당신은 내가 당신을 얼마나 깊게 사랑하는지 얼마만큼 사랑하는지 묻네요./ 내 감정은 진실하고 내 사랑도 진실합니다. 하늘에 있는 저 달이 내 마음을 말해주고 있잖아요.

당신은 내가 당신을 얼마나 깊게 사랑하는지 얼마만큼 사랑하는지 또 묻네요./ 내 감정은 항상 그 자리에 있고 내 사랑도 변하지 않아요. 하늘에 있는 저 달이 내 마음을 말해주고 있네요.

가벼운 한 번의 키스가 이미 내 마음을 흔들어놓아 버렸고/ 깊고 깊었던 그 시절의 사랑은 지금까지도 나로 하여금 그리움에 사무치게 합니다.

당신은 내가 당신을 얼마나 깊게 사랑하는지 얼마만큼 사랑하는지 또 묻네요./ 한번 생각해봐요, 그리고 한번 보도록 하세요, 하늘에 있는 저 달이 내 마음을 말해주고 있잖아요.

이 노래는 중국 대중가요 가운데 세계적으로 가장 많이 알려진 곡 가운데 하나이다. 원래 다른 가수가 먼저 불렀던 것을 1977년 덩리쥔(邓丽君)이 리메이크한 이후에 크게 유행하게 되었다. 중국인들이라면 이 노래를 대부분 알고 있고, 영화 〈첨밀밀(甜密密)〉의 삽입곡으로 우리나라 사람들에게도 비교적 친숙한 노래라고 할 수 있다.(참고로 〈첨밀밀(甜密密, Tiánmìmì)〉이라는 노래도 있는데 그 노래 역시 덩리쥔이 불렀다) 최근에는 우리나라 가수 홍진영씨가 이 노래를 번안해서 우리말(제목 〈기다리는 마음〉)로 부르기도 했다.

사랑을 확인하려는 상대에게 자신의 사랑이 진실하고 변치 않음을 저 하늘에 있는 달로 증명해보이려는 애틋한 가사는, 아름답고 부드러운 선율 그리고 덩리쥔 특유의 맑고 감미로운 목소리와 어우러져 오랜 세월이 흘렀음에도 여전히 많은 이들의 심금을 울리고 있다. 멋진 발음으로 이 노래를 익혀서 사랑하는 사람 혹은 중국인 친구들 앞에서 불러보면 어떨까?

※ 저작권 관계로 이 곡의 음원은 따로 제공하지 않고 가사를 낭송한 파일만 제공합니다. 유튜브(http://www.youtube.com)에서 'yueliang daibiao wo de xin', '月亮代表我的心', '월량대표아적심' 등으로 검색하면 이 곡 관련 수많은 동영상을 만날 수 있습니다.

Chapter 10

권설운모와 'er(儿)화', 성모와 운모의 결합

제19강 권설운모와 'er(儿)화'

Part1 원리 이해

1. 권설운모(捲舌韻母) 'er'

① 발음 원리

- [ɚ] : 소리가 나는 위치는 구강에서 (앞뒤로) 중앙과 (고저로) 중간이
  며, 입을 둥글게 하지는 않고 혀끝을 경구개 쪽으로 말듯이 올리면서
  내는 모음이다.[1]

- 일반적으로 권설운모 'er'은 발음이 완료되었을 때 혀끝이 설첨후음
  보다도 더 뒤쪽을 가리키게 된다.

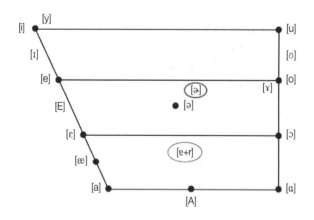

---

1) '央中不圓脣捲舌元音'.

② 주의사항

- 한국인들은 'er'을 우리말 '얼'처럼 발음하기 쉽다. 이때 혀끝이 경구개에 닿거나 심지어 윗잇몸에 닿는 경우가 많다.
- 중국어의 'er'은 혀끝이 윗잇몸이나 경구개에 닿아서는 안 된다.

김샘의 발음 Talk

대학시절 은사님께서 숫자 '二(2)'의 중국어 발음을 지도해주시면서, '오리 알'의 '알'처럼 발음하는 것이 '얼'보다는 차라리 좋은 발음이라고 하신 적이 있다. 그 뒤로 중국인들의 이 발음을 유심히 살펴본 결과, 남방이나 대만 출신들이 아닌 경우라면(요즘은 대륙의 남방에서도 '알'처럼 발음하는 것을 자주 들을 수 있다) 정말로 대부분 '얼'이 아니라 '알'처럼 발음하고 있음을 확인할 수 있었다.

그렇다면 'er'이 왜 '얼'이 아니라 '알'처럼 발음될까? 그 이유는 대체로 두 가지로 분석된다. 첫째, 'er'을 내기 위해서는 먼저 설면앙중불원순모음(舌面央中不圓脣元音) [ə]를 내야 하는데, 이 발음 자체가 우리가 일상생활에서 대충 발음하는 '어'보다는 입을 좀 더 크게 벌려야 한다. 둘째, 권설 동작을 위해 혀를 뒤로 말아 올리면서 혀끝을 경구개에 닿지 않게 해야 한다. 이 두 가지 이유가 함께 작용할 경우 입의 개구도와 혀의 위치가 '얼'보다는 '알'에 훨씬 가까워지기 때문에 중국어 'er'의 발음이 그와 같이 결정되는 것으로 볼 수 있다.[2]

현재 많은 교재들이 이 발음을 여전히 우리말 '얼'로 설명하고 있는데, 자칫 입을 기준보다 적게 벌리거나 혀끝이 경구개 혹은 윗잇몸에 닿는 결과를 낳게 할 우려가 있다. '알'은 입을 'er'과 비슷한 정도로 벌리는 데에는 적지 않은 도움을 줄 수 있겠으나, 대체적으로 혀끝이 입천장에 닿기 때문에 이것 역시 완벽하게 'er'과 같다고는 할 수 없다.

---

2) 일부에서는 숫자 '二'의 발음을 여타 'er'음을 가진 단어들과 구별하여, [ə]보다 발음 위치가 더 낮은 [ɐ+r]로 전사하기도 한다.(박종한 등, 《중국어의 비밀》, 368쪽) 실제 중국인들의 발음을 살펴보면, 숫자 '二'를 발음할 때 유독 입을 더 크게 벌리는 현상이 틀림없이 존재하기 때문에 이러한 설명도 충분히 가능하다.

③ 연습방법
- 먼저 [ə]음을 낸다. 혀끝을 아래 잇몸의 하부에 둔 다음, 입을 가급적 크게 벌리고 우리말 '어'를 발음한다.
- 그 상태에서 혀끝을 경구개 쪽으로 말듯이 들어 올리되, 혀끝이 경구개에 닿아서는 안 된다.
- 다른 방법으로는 우리말 '얼'을 입을 충분히 벌리면서 발음하되 혀끝이 경구개에 닿지 않도록 주의한다.

④ 듣고 따라 읽기 🔊 19-1
   ér   ěr   èr   cf) ēr(X)

2. 'er(儿)화'
   ① 발음 원리
- 권설운모 'er[ə]'이 다른 운모 뒤에 붙게 되면 앞의 운모 역시 권설운모로 바뀌게 된다. 이러한 현상을 일반적으로 'er(儿)화(化)'라고 부른다.
- 이러한 'er화'를 통해서 의미가 달라지는 경우도 있고 달라지지 않는 경우도 있다.
- 남방보다는 북방에서, 북방 가운데서도 특히 수도 베이징에서 'er화'는 보다 빈번하게 나타난다. 베이징에서의 'er화'는 많은 경우 의미 변화를 수반하지 않고 습관적으로 이뤄진다.

┌─ 김샘의 발음 Talk ─────────────────────────
   상하이 유학 시절, 베이징에서 공부하고 있던 선배 부부가 방문한 적이 있었다. 그 분들을 모시고 저녁을 먹기 위해 근처 식당에 가서 음식을 주문하게 되었는데, 물고기 요리 한 마리를 시키려고 한 순간 선배가 갑자기 종업원에게 "Yǒu cìr

ma?"라고 질문하였다. 그 말을 종업원이 알아듣지 못하는 것을 확인하고 내가
"Yŏu cì ma?"라고 다시 물어봤더니, 그러자 무슨 말인지 알아듣게 되었다. 아마
도 선배의 발음 톤이 북방 톤이라 다소 높았고 거기에다가 남방 사람들이 잘 안
하는 'er화'까지 한 상황에서 그 종업원이 알아듣지 못한 게 아닐까 생각된다.
　내 개인적인 생각으로는, 위와 같이 의미에는 변화가 없는데도 지역적 특색으
로 'er화'하는 것은 웬만한 중국어 고급자가 아니라면 따라 하지 않는 것이 좋을
것 같다. 그러나 'méijìn(재미 없다)'과 'méijìnr(힘이 없다)'처럼 'er화'에 따라 의
미가 달라지는 경우라면 반드시 구별하여 발음할 줄 알아야 할 것이다.

② 주의사항
- 권설운모 'er'과 마찬가지로 혀끝이 윗잇몸이나 경구개에 닿으면 안 된다.

③ 연습방법
- 일단 앞의 운모를 정확하게 발음한 다음, 혀끝을 경구개 쪽으로 말듯
  이 올리면서 소리 내는 것을 연습한다.
- 실제 운용에 있어서는 앞의 모음과 'er화'가 동시에 일어난다. 처음에
  는 개구도 등에 신경 쓰며 연결 동작으로 연습하더라도, 나중에는
  한꺼번에 발음이 이뤄질 수 있도록 연습한다.
- 또한 상황에 따라서 앞의 운모에서 소리가 변하거나 다른 음소가 첨
  가되는 현상도 발생할 수 있다.
- 'er화' 현상과 관련된 제반 발음 요령과 표기법은 아래 Part2 '핵심 비
  법 정리'에서 별도로 더욱 자세히 다루었으니 참조하기 바란다.

④ 듣고 따라 읽기 🔊 19-2
　　nǎr　　gèr　　bāor　　kuàir　　huór　　lǔr

1. 'er'

IPA	입모양(앞)	입모양(측면)		핵심 비법
[ə]	평순	혀끝	아래 잇몸 하부▷ 경구개 방향	· 입을 충분히 벌리면서 우리말 '얼' 발음 · 혀끝이 경구개에 닿지 않도록 주의!

2. 'er(儿)화'의 다양한 경우들

① a, o, ê[ɛ], e, u 뒤

구분	설 명	구분	설 명
원리	'권설' 동작과 원래 발음의 충돌이 크지 않음	비법	· 모음을 정확히 발음하는 동시에 혀끝을 말듯이 올림. 단 er은 입이 조금 더 열림 · 혀끝이 경구개에 닿지 않도록 주의!
표기	앞 운모 뒤에 'r'만 붙임	예	năr, mòr, huàr, juér, kér, zhūr

② i[i], ü[y] 뒤

구분	설 명	구분	설 명
원리	'i, ü'는 모두 입을 벌리는 정도가 작고 혀의 위치는 높으면서도 앞쪽이기 때문에, 권설 동작과 충돌이 발생	비법	· 'i, ü' 뒤에 [ə]음을 더하면서 동시에 혀끝을 말듯이 올림 · 혀끝이 경구개에 닿지 않도록 주의!
표기	앞 운모 뒤에 'r'만 붙임 (e를 더하지 않음)	예	dĭr, yìr, qŭr

③ i[ı] 뒤

구분	설 명	구분	설 명
원리	[ı]의 발음 동작 역시 권설 동작과 충돌이 발생	비법	· 운미 [ı]의 음가는 소실. 즉 [ı]음을 떼고 그 앞 주요모음을 발음하면서 동시에 혀끝을 말듯이 올림. 주요모음이 'e'면 [ə]로 발음 · 혀끝이 경구개에 닿지 않도록 주의!
표기	앞 운모 뒤에 'r'만 붙임 ('i'를 삭제하지 않음)	예	páir, bèir, kuàir, wèir

④ i[ʅ, ɿ] 뒤

구분	설 명	구분	설 명
원리	혀끝이 이 뒤([ɿ]) 혹은 앞 경구개([ʅ])에 가깝기 때문에, 권설동작이 용이하지 않음	비법	· [ɿ]와 [ʅ]를 [ə]로 바꿔 발음하면서 동시에 혀끝을 말듯이 올림 · 혀끝이 경구개에 닿지 않도록 주의!
표기	'i'를 삭제하지 않음(e를 더하지 않음)	예	zǐr, cìr, zhīr, shìr

⑤ 운미 'n' 뒤

구분	설 명	구분	설 명
원리	운미 'n'의 발음 동작이 권설 동작을 방해	비법	· 운미 'n'의 음가는 소실. 즉 'n'음을 떼고 그 앞의 주요모음을 발음하면서 동시에 혀끝을 말듯이 올림 · 앞 주요모음이 i[i], ü[y]와 같이 권설 동작을 방해하는 것이면, [ə]를 더하여 발음하면서 혀끝을 말듯이 올림 · 혀끝이 경구개에 닿지 않도록 주의!
표기	운미 'n' 뒤에 'r'만 붙임 ('n'을 삭제하지 않음)	예	dānr, běnr, yǎnr, wánr, quānr, jìnr, qúnr

⑥ 운미 'ng' 뒤

구분	설 명	구분	설 명
원리	운미 'ng'를 발음할 때 혀의 모양과 움직임은 권설동작과 완전히 상반되므로 심각한 충돌이 발생함	비법	· 운미 'ng' 탈락 · 대신 해당 음절의 주요모음에 '비음' 성분을 추가하고 동시에 혀끝을 말듯이 올림. 즉 주요모음+비음+'er화'를 한꺼번에 구현해야 함. · 연습 단계에서는 주요모음을 먼저 비음화하고 혀끝을 말듯이 올리거나, 'er화'음을 먼저 비음화하고 앞의 주요모음과 합치는 두 가지 방법이 모두 가능함. 교학 경험에 비추어 본서에서는 후자의 방법을 더욱 추천함 · 'er화'음 비음화 요령: 혀끝을 말듯이 올린 상태에서 우리말 '응'을 먼저 발음한 다음, 연구개에 붙은 혀뿌리를 살짝 떼어 기류가 비강뿐만 아니라 구강 쪽으로도 흐르게 함 · 혀끝이 경구개에 닿지 않도록 주의!
표기	운미 'ng' 뒤에 'r'만 붙임 ('ng'를 삭제하지 않음)	예	gāngr, yángr, chuāngr, dèngr, kòngr, xióngr

1. 발음을 듣고 큰소리로 따라 읽으세요.

① er([ə]) 🔊 19-3

érqiě 게다가, 또한	érzi 아들

② 'er(儿)화' ◀)) 19-4

nǎr 어디 zhèr 여기, 이곳	huàr 그림	niǎor (작은) 새
lǘr 당나귀	míngpáir 유명브랜드	yíhuìr 잠시, 잠깐 동안
guāzǐr 과쯔(볶은 수박씨·해바라기씨)	jīnr(ge) 오늘	yǒu kòngr 틈(짬)이 있다

2. 다음 녹음을 듣고 발음을 적어보세요. ◀)) 19-5

① _____duo (귀)

② _____ (거기, 저기)

③ wán_____ (완구 / 물건)

④ ____ng__ge (내일)

⑤ méi_____ì__ (괜찮다 / 상관없다)

⑥ bīng_____n__ (아이스 바)

Part4 생활 회화   ◀)) 19-6

Nǐ míngtiān yǒu shénme jìhuà?	내일 무슨 계획 있어?
Wǒ xiǎng qù bǎihuòshāngdiàn, gěi wǒ érzi mǎi diǎnr dōngxi.	백화점에 가서 아들한테 뭐 좀 사주려고.
Mǎi shénme?	뭐 사게?
Mǎi shuāng yùndòngxié.	운동화.
Nǐ érzi xǐhuan shénme páir de?	애가 어디 브랜드 것을 원하는데?
Tā yào Xīnbǎilún de.	뉴밸런스 거.
Yīnggāi tǐng guì de ba?	틀림없이 많이 비싸지?
Shì de. Dàgài sān-sì bǎi ba.	응. 대략 300-400 위안 정도 할걸?

Nà wǎnshang ne?　　　　　　　　그럼 저녁에는 뭐 해?

Hé jiārén yíkuàir qù chuànrdiàn　가족들이랑 함께 꼬치구이 가게에 가

　chī yángròuchuànr.　　　　　서 양꼬치 먹으려고.

제20강 성모와 운모의 결합

중국어 발음을 지도해 보면, 성모와 운모를 별도로 발음하게 하면 큰 문제가 없는데 합쳐서 발음하게 하면 제대로 된 소리를 내지 못하는 학생들을 종종 만나게 된다. 중국어의 개별 성모와 운모를 모두 배운 시점에서, 본 강좌에서는 이러한 현상이 발생하는 이유를 발음 원리에 입각하여 설명하고, 좀 더 정확하게 발음할 수 있도록 연습시키는 데 중점을 두고자 한다.

Part1 원리 이해

1. 비(非)설첨음 계통의 성모 + 운모

① 발음 원리

- 비설첨음 계통의 성모로는 쌍순음(b, p, m), 순치음(f), 설면음(j, q, x), 설근음(g, k, h)이 있다.

- 여기에 속하는 성모들은 기본적으로 혀끝이 위로 들리거나 윗잇몸 내지는 입천장에 닿는 경우가 없다.

- 이어지는 운모의 발음이 성모를 발음하기 위하여 움직인 혀의 간섭을 거의 받지 않거나 상대적으로 덜 받는다.

- 따라서 비설첨음 계통의 성모를 운모에 결합시키는 데에는 어려운 점이 크게 없다.

② 주의사항

- 운모를 설명하면서 자주 '단숨에' 발음하지 말 것을 여러 차례 당부한 바 있다.

- 이와 유사하게 성모와 운모를 결합시킴에 있어서도 지나치게 급하게 붙여버림으로써, 성모와 운모가 모두 제대로 발음되지 못하는 경우도 흔히 발생한다.

- 따라서 앞 Chapter들에서 학습한 성모와 운모를 각각 뚜렷하게 발음하는 연습을 한 다음, 자연스럽게 이어지는 훈련을 거듭할 필요가 있다.

- 또한 음절의 강세와 관련하여 학습자들은 반드시 아래 사항에 주의해야 한다.

  · 먼저 우리말 '한', '국'을 각각 발음해보자. 그러면 한 음절을 발음할 때 강세가 점점 약해지는 것을 느낄 수 있다.

  · 그러나 'gōng', 'zuò'를 제대로 발음해보면 강세가 결코 한국어 음절처럼 약해지지 않음을 확인할 수 있다.

  · 이는 성모와 운모를 결합시킴에 있어서 **성모보다는 운모**의 소리가 더욱 길고 **분명하게 발음**된다는 것을 의미한다. 운모 가운데서는 주요모음에 강세가 가장 많이 주어지게 되지만, 운두와 운미 역시 상대적으로 강세가 약할 뿐 그 발성 자체가 너무 힘이 없거나 불분명하게 되어서는 곤란하다.

③ 연습방법

- 비설첨음 계통 성모를 짧지만 정확하게 발음하고, 끊어짐 없이 운모와 이어지게 연습한다.

- 성모 다음에 바로 주요모음이 이어지게 되면 혀끝을 해당 주요모음

의 혀끝 위치로 옮겨서 발음하면 된다. 혀끝의 위치가 같거나 아주
가깝기 때문에 그다지 어렵지가 않다.

- 주요모음 앞에 운두 'i([i])'가 오게 되면 '입꼬리에 힘, 입술 평평'에 신경
쓰고, 운두 'u([u])'가 오게 되면 혀끝을 혀 밑 말랑말랑한 부분에 대고
'입 쭉 내밀기'(우리말 '오' 입모양)에 신경 쓴다. 설면음(j, q, x) 뒤의 운
두 'ü([y])'는 혀끝의 위치가 서로 매우 근접해 있기 때문에, 성모 발음
직후 '입술 모이기'에만 신경 쓰면 된다.

④ 듣고 따라 읽기 🔊 20-1

| bā | pǐ | méi | fǒu | jià |
| guō | kuí | hěn | quàn | xiāng |

2. 설첨음 계통의 성모 + 운모

① 발음 원리

- 설첨음 계통의 성모로는 설치음(설첨전음 : z, c, s), 설첨음(설첨중음 :
d, t, n, l), 설첨후음(속칭 권설음 : zh, ch, sh, r)이 있다.
- 여기에 속하는 성모들은 조음 위치가 각각 윗니 뒤(s는 혀끝은 아랫
니 뒤에 붙지만 조음 위치는 마찬가지로 윗니 뒤이다), 윗잇몸, 경구
개이고, 발음하기 위해서 혀끝이 대부분 위로 들리거나 각각의 조음
위치에 닿게 된다.
- 이에 따라 이어지는 운모의 발음이 혀의 간섭을 받기 쉽다.
- 정확한 발음을 위해서는 성모를 발음한 다음, 혀끝을 재빨리 아래로 내려 운
모를 덧붙일 수 있는 상태로 전환해줘야 한다.

② 주의사항

- 성모와 운모를 각각 뚜렷하게 발음해야 하고, 자연스럽게 이어지게 해야 하는 점은 비설첨음 계통의 성모와 다를 게 없다. 또한 성모보다는 운모의 소리가 더욱 길고 분명하게 발음되어야 하는 것도 같다.

- 설첨음 계통의 성모를 운모와 결합시킬 때, 혀끝이 계속 들려 있어 운모의 발음이 제대로 구현되지 못하는 경우가 적지 않다.

- 특히 설첨후음에 있어서 이런 현상이 더욱 두드러지게 나타난다. 혀끝이 경구개 주변에 계속 머물면서 입도 제대로 벌리지 못하는 것을 흔히 목격한다. 혀끝이 정확한 운모 발음을 위한 올바른 위치로 가지 못하는 것은 두말할 나위도 없다.

- 설첨음 계통의 성모가 권설운모 혹은 'n'으로 끝나는 대비음운모와 결합할 때는 혀의 움직임이 더욱 바빠진다. 즉 혀끝이 올라갔다(성모) 내려갔다(주요모음) 다시 올라가야(권설 동작 혹은 N계통 대비음운모) 하는 것이다. 학생들을 연습시켜 보면 이때도 입을 제대로 벌리지 않는 경우가 적지 않고, 특히 'zhèr', 'rèn'과 같이 '설첨후음+권설운모' 혹은 '설첨후음+대비음운모(-n)'의 상황에서는 그와 같은 경향이 더욱 두드러진다.

③ 연습방법

- 성모를 짧게 발음한 다음, 혀의 긴장을 풀고 혀끝을 최소한 아랫니보다 밑으로 재빨리 내리는 연습을 많이 할 것을 추천한다.

- 성모 다음에 바로 주요모음이 이어지게 되면, 혀끝을 아래로 내려 해당 주요모음의 혀끝 위치로 옮겨서 발음하면 된다.

- 주요모음 앞에 운두 'u([u])'가 오게 되면 혀끝을 혀 밑 말랑말랑한 부분에 대고 '입 쭉 내밀기'(우리말 '오' 입모양)에 신경 쓴다. 운두 'i([i])'

와 운두 'ü([y])'가 오게 되면, 전자는 '입꼬리에 힘, 입술 평평'에 신경 쓰고 후자는 혀끝을 아랫니 뒤에 갖다 대고 '입술 모으기'를 실행한다.

- 성모를 발음한 다음 혀끝을 내리는 동작은 대단히 빨라야 한다.

※ 설치음과 설첨후음 뒤에만 나오는 [ɿ, ʅ]는 독립적인 운모가 아니고 해당 성모를 발음할 때만 나오는 소리이기 때문에 위 설명과는 무관하다. 즉 'zi, ci, si'나 'zhi, chi, shi, ri'를 발음할 때는 혀끝을 내리지 말고 성모가 발음된 직후의 위치에 머물러 있게 해야 한다.

④ 듣고 따라 읽기 🔊 20-2

dé	tǔ	nǎo	lüè
zuì	cān	sǔn	
zhāng	chuàng	shìr	rénr

Part2 핵심 비법 정리

1. 비설첨음 계통의 성모(b, p, m, f, g, k, h, j, q, x) + 운모

구 분	혀끝 위치의 변화	비 법
성모 +주요모음 (+운미)	변화가 크지 않음. 즉 그 대로이거나 어렵지 않게 주요모음 (혹은 운두)의 혀끝 위치로 이동 가능 (하향 → 하향)	· 성모를 짧지만 정확하게 발음 ↓ · 혀끝을 주요모음 발음 시작 위치로 옮겨 길고 분명하게 운모 발음
성모 +운두[i]+ 주요모음 (+운미)		· 성모를 짧지만 정확하게 발음 ↓ · 입꼬리 힘, 입술 평평 + 우리말 '이' 짧게 ↓ 혀끝을 주요모음 발음 시작 위치로 옮겨 길

구 분	혀끝 위치의 변화	비 법
성모 +운두[u]+ 주요모음 (+운미)	※ 권설운모와 'n'으로 끝 나는 운미 : 하향 → 하향 → 상향	고 분명하게 운모 뒷부분 발음 · 성모를 짧지만 정확하게 발음 ↓ · 입 쭉 내밀기 + 우리말 '우' 짧게 ↓ 혀끝을 주요모음 발음 시작 위치로 옮겨 길 고 분명하게 운모 뒷부분 발음
설면음 +운두[y]+ 주요모음 (+운미)		· j, q, x를 짧지만 정확하게 발음 (거의 동시) · 그대로 입술 모으기 + 우리말 '위' 짧게 (☆입술 모양 유지) ↓ 길고 분명하게 운모 뒷부분 발음

2. 설첨음 계통의 성모(d, t, n, l, z, c, s, zh, ch, sh, r) + 운모

구 분	혀끝 위치의 변화	비 법
성모 +주요모음 (+운미)	혀끝 위치의 변화가 큼. 위로 들린 혀끝을 운모 의 발음을 위해서 재빨 리 내려야 함(상향 → 하 향, 단 s는 하향 → 하향)	· 성모를 짧지만 정확하게 발음 ↓ · 혀끝을 아래로 재빨리 떨어뜨리기 (거의 동시) · 혀끝을 주요모음 발음 시작 위치로 옮겨 길고 분명하게 운모 발음
성모 +운두[u]+ 주요모음 (+운미)		· 성모를 짧지만 정확하게 발음 ↓ · 혀끝을 혀밑 말랑말랑한 부분 방향으로 재빨리 떨어뜨리기 (거의 동시) · 입 쭉 내밀기 + 우리말 '우' 짧게 ↓ 혀끝을 주요모음 발음 시작 위치로 옮겨 길

구 분	혀끝 위치의 변화	비 법
		고 분명하게 운모 뒷부분 발음
성모(d, t, n, l) +운두[i]+ 주요모음 (+운미)	※ 권설운모와 'n'으로 끝 나는 운미 : 상향 → 하향 → 상향	· 성모 d, t, n, l을 짧지만 정확하게 발음 ↓ · 혀끝을 아랫니 방향으로 재빨리 떨어뜨리기 (거의 동시) · 입꼬리 힘, 입술 평평 + 우리말 '이' 짧게 ↓ 혀끝을 주요모음 발음 시작 위치로 옮겨 길 고 분명하게 운모 뒷부분 발음
성모(n, l) +운두[y]+ 주요모음 'e'([ɛ])		· 성모 n, l을 짧지만 정확하게 발음 ↓ · 혀끝을 아랫니 방향으로 재빨리 떨어뜨리기 (거의 동시) · 입술 모으기 + 우리말 '위' 짧게 (☆입술 모양 유지) ↓ 주요모음 'e'를 길고 분명하게 발음

Part3 연습

1. 발음을 듣고 큰소리로 따라 읽으세요.

① 비설첨음 계통의 성모(b, p, m, f, g, k, h, j, q, x) + 운모 🔊 20-3

bùfen 부분, 일부	pǎobù 달리다, 구보하다	mǐfàn 쌀밥
gōngfu 시간, 때/ 틈	kāixīn 기쁘다, 즐겁다	hàomǎ 번호, 숫자
qíguài 이상하다	xìnggé 성격	fāngbiànmiàn 라면

② 설첨음 계통의 성모(d, t, n, l, z, c, s, zh, ch, sh, r) + 운모 🔊 20-4

dǎzhēn 주사 놓다, 주사 맞다.	tèdiǎn 특징, 특색	nèiróng 내용
zǎoshang 아침	càidān 메뉴	suīrán 비록 ~하지만
chūshēng 출생하다	shǒudū 수도	rènzhēn 진지하다, 착실하다

2. 다음 녹음을 듣고 발음을 적어보세요. 🔊 20-5

① _____ (발견하다)

② _____ (기회)

③ _____ (탁구)

④ _____ (유창하다, 막힘없다)

⑤ _____ (베개)

⑥ _____ (종착역)

Part4 생활 회화　　　　　　　　　　　　🔊 20-6

Nín yào mǎi shénme?	무엇을 사시려고 하십니까?
Wǒ yào mǎi yì shuāng értóng yùndòngxié. Xīnbǎilún de.	아동 운동화 한 켤레 사려고요. 뉴밸런스 걸로요.
Yǒu méiyǒu dà yìdiǎnr de?	좀 더 큰 건 없나요?
Yǒu. Nín yào duōshao hào de?	있습니다. 어떤 사이즈 원하세요?
Yào 34 hào de.	34호(220mm)요.

Hǎo, qǐng shāo děng.　　　　　네, 잠시만 기다리세요.

Duōshao qián?　　　　　　　얼마예요?

Yuánjià sānbǎi, xiànzài dǎ bā　　원가는 300위안인데요, 지금 20% 할
zhé, èrbǎisì.　　　　　　　　인해서 240위안이에요.

Kěyǐ shuā kǎ ma?　　　　　　신용카드 돼요?

Kěyǐ. / Bù hǎo yìsi. Wǒmen zhǐ　네, 됩니다. / 죄송합니다. 저희는 현금
shōu xiànjīn.　　　　　　　　만 받습니다.

※ 중국에서 신발 사이즈 1호 차이는 5mm임.
ex) 35호 = 225mm (계산법 : 중국 신발 호수×5+50=한국 신발 사이즈)

Chapter 11

변별연습 I, 변별연습 II

제21강 변별연습 I

본 Chapter에서는 중국어 발음 중 서로 비슷하여 우리나라 사람들이 듣거나 말할 때 혼동하기 쉬운 것들을 위주로 변별하는 연습을 하도록 하겠다. 비슷한 발음을 제대로 구별할 수 있게 되면 중국어 실력이 확실히 업그레이드되는 것을 실감할 수 있을 것이다.

Part1 원리 이해

1. 2성 vs 3성

① 변별 특질

- 유사점
  - · 1성과 4성이 모두 고음(5도)에서 출발하는 것과는 달리 2성과 3성은 중간음(3도)과 중저음(2도)에서 출발한다.
  - · 중간음과 중저음의 음높이는 사실상 대단히 가깝다.

- 차이점
  - · 3성은 주로 반3성으로 발음되기 때문에 소리가 하향하게 되지만, 2성은 소리가 상향하게 된다.
  - · 3성은 소위 '가장 낮은 음' 즉 성대가 끊는 듯한 소리가 들리지만, 2성은 그런 소리가 나지 않는다.
  - · 3성은 소리가 다소 길게 구현되지만, 2성은 상대적으로 짧게 구현된다.

· '입문편'에서도 언급한 바 있듯이, 현대 중국어 1, 2, 3, 4성을 '성운학(聲韻學, 중국어의 어음체계를 연구하는 학문)'에서는 별도로 음평(陰平), 양평(陽平), 상성(上聲), 거성(去聲)이라고 부른다. 이런 명칭은 고대 중국어의 4성과 관련이 있다. 고대 중국어의 4성은 평성, 상성, 거성, 입성(入聲)을 가리킨다. 그 중 입성이 이미 원(元)나라(우리나라의 고려시대에 해당) 때에 베이징을 비롯한 북방 지역에서 완전히 소실되었고, 평성이 음평과 양평으로 구분됨으로써 현대 보통화의 4성 체계를 갖추게 되었다. 그러나 중국에서 입성이 완전히 사라진 것은 아니고 광동화(廣東話, 粵語) 같은 지방 방언에서는 여전히 그 소리(-k, -t, -p 운미로 끝남)가 온전하게 남아 있다.

· 우리나라 한자음도 원래는 4성을 갖추고 있었다. 그러다가 소리의 높낮이는 변별기능을 잃게 되고 장단의 구별만 남게 되었다. 대게 평성에 해당하는 한자음은 짧게 발음되고, 상성과 거성에 해당하는 한자음은 길게 발음되는 특징이 있다. 그리고 우리 한자음으로 '-ㄱ, -ㄹ, -ㅂ' 받침을 가진 글자들은 입성에 속한다.

· 과거 중국과 우리나라의 문인들은 한시(漢詩)를 지을 때 소리의 높낮이에 무척 신경을 썼다. 이때 평성 이외의 상성, 거성, 입성은 모두 '측성(仄聲)'으로 분류되었는데, '평측(平仄)'의 알맞은 배치를 통해서 한시 음률의 조화를 꾀하였다. 가령 두보(杜甫) 〈춘망(春望)〉의 첫 두 구는 "國破山河在, 城春草木深(측측평평측, 평평측측평)"이고, 고려 정지상(鄭知常) <대동강(大同江)>의 첫 두 구는 "雨歇長堤草色多, 送君南浦動悲歌(측측평평측측평, 측평평측측평평)"이다. 만약 한시에 관심이 있다면, 중국어로 1, 2성은 대체로 평성, 3, 4성은 대체로 측성으로 보고 시를 살피거나 지으면 된다. 혹은 우리말 한자음으로 길게 발음되면 측성, 짧게 발음되면 평성으로 생각하면 대략 맞아떨어진다. 그러나 보통화에는 입성이 없기 때문에, 입성은 우리말 한자음으로 판단할 수밖에 없다. 예컨대 国(guó)은 현대중국어로는 2성이지만 우리 한자음으로는 '국'이기 때문에 측성(∵ 입성)으로 분류된다.

· 측성이 우리나라 한자음에서 길게 발음되듯이, 중국어 3, 4성도 가급적 길게 발음해주는 것이 좋다.

② 주의사항

- Chapter1을 통해서 성조를 제대로 학습하고 지난 Chapter까지 연습을 충분히 진행했다면 2성과 3성의 구분 자체는 사실 그다지 어렵지 않다.
- 다만 2성과 3성 뒤에 고음(5도)으로 시작하는 1성과 4성이 나타나는 경우, 그리고 뒤에 경성이 붙는 경우, 학습자들이 앞의 성조를 다소 불안정하게 내는 것은 흔히 목격할 수 있다. 즉 '2성+1성'과 '3성+1성'을 그리고 '2성+4성'과 '3성+4성'을 제대로 구분하지 못하는 경우가 적지 않고, '2성+경성'과 '3성+경성'에 있어서 앞의 성조를 제대로 내지 않아 발음이 다소 애매모호해지는 경향도 흔히 나타난다. 한편 이와 같은 문제는 발음할 때뿐만 아니라 중국어 청취에도 적지 않은 영향을 준다.

③ 연습방법

- 2성과 3성의 발음 요령 및 주의사항을 Chapter1에서 다시 한 번 확인한다. 또한 '일사천리' 성조 연습법을 이용한 연습을 평소에도 꾸준히 실시한다.
- 3성은 '낮은 음'을 길게 내는 데 특별히 신경 쓴다.
- 2성은 소리를 쭉 올린 다음 끝부분을 마치 1성처럼 내는 연습을 많이 하면 좋다. 그런 다음 1성과 4성으로 자연스럽게 이어지는 연습을 별도로 진행한다. 2성이 고음(5도)까지 충분히 올라가기 때문에 뒤의 1성과 4성의 발음은 오히려 많이 쉬워진다.
- 경성 앞의 2성과 반3성은 앞의 성조를 더욱 확실히 낸다는 생각으로 발음해야 한다. 2성은 앞의 경우와 마찬가지로 끝부분을 마치 1성처럼 냈다가 자연스럽게 경성을 붙이고, 3성은 '낮은 음'을 길게 끈 다음 역시 자연스럽게 경성을 붙이는 연습이 필요하다.

④ 듣고 따라 읽기 🔊 21-1

má + mā / mǎ +mā   gé +gē / gě + gē

bó + bō / bǒ + bō   ní + nī / nǐ + nī

dú + de / dǔ +de   yú + de / yǔ + de

2. 'n'운미 vs 'ng'운미

① 변별 특질

- 공통점 : 두 가지 모두 '대비음운모'의 운미이다. 주요모음을 발음하면서 구강(입)을 통해 밖으로 나가던 공기를 혀의 일부분으로 막아 비강(코)으로 흐르게 한다.

- 차이점

  · 혀끝을 윗잇몸에 닿게 하여 조음하는 'n'운미와는 달리, 'ng'운미는 혀뿌리를 연구개로 올려 소리를 낸다.

  · 중설모음 'a([A])'는 'n'운미를 만나면 전설모음([a])화하고, 'ng'운미를 만나면 후설모음([ɑ])화한다.

② 주의사항

- 일본인들이 중국어 'n'운미와 'ng'운미를 잘 구별하지 못하는 것과는 달리, 한국인들은 이 두 가지 운미를 비교적 잘 구별한다. 중국인 가운데서도 남방의 일부 지역 사람들은 'ng'운미 발음을 잘 하지 못한다.

- 그러나 한국인들은 이 두 가지 운미를 발음하면서 **공통적으로 주요모음에 붙여 '단숨에' 발음하는** 경향이 있다.

③ 연습방법

- 두 가지 운미 모두 각각의 조음 위치('n'운미는 '혀끝-윗잇몸', 'ng'운미는

'혀뿌리-연구개')에 주의하면서, 같은 주요모음을 길고 분명하게 발음한 후
에 짧지만 정확하게 붙여 보는 연습을 진행해 본다.
- 이 연습을 여러 차례 반복하면서 혀의 움직임을 자연스럽고 부드럽
게 만들어야 한다.

④ 듣고 따라 읽기 🔊 21-2

ān - āng	mén - méng	bìn - bìng
guǎn - guǎng	wēn - wēng	nián - niáng

3. 'l' vs 'r'

① 변별 특질
- 공통점 : 중국어 발음을 한국어로 표기할 때 'l'과 'r'은 모두 우리말
'ㄹ'에 대응한다.

- 차이점
  · 'l'은 설첨(중)음으로 혀끝이 반드시 윗잇몸에 닿아야 한다.
  · 'r'은 설첨후음으로 혀끝이 경구개를 향하나 닿지는 않는다.

② 주의사항
- 우리말 'ㄹ'에도 몇 가지 소리가 존재하지만 가장 흔한 발음은 [ɾ]이다.
이 소리는 중국어에는 존재하지 않는데, 이것의 영향으로 중국어 'l'과
'r'음이 정확하게 나지 않을 경우 둘 사이의 변별이 애매해질 수 있다.
- 'l'과 'r'음을 익힐 때 우리말 초성 'ㄹ'과 전혀 관계 없다고 생각하는
것이 유익하다.

③ 연습방법

- 'l'과 'r'음의 발음요령 및 주의사항은 Chapter5와 Chapter9를 참조하기 바람.

- 'l'은 혀끝으로 윗잇몸을 누르면서 우리말 '을'을 연상하며 발음하는 데 집중한다.

- 'r'은 우리말 'ㄹ'음과 전혀 관계가 없다고 여기면서, 'sh'음에다가 유성 성분(즉 성대 진동)을 더하는 것(혹은 혀끝은 치켜 올리되 마찰을 대폭 줄여 가볍게 발음)에만 집중한다. 혀끝이 절대로 윗잇몸이나 입천장에 닿아서는 안 된다.

④ 듣고 따라 읽기 🔊 21-3

lè - rè	lú - rú	lǎo - rǎo	lóu - róu
lǎn - rǎn	làng - ràng	lēng - rēng	lóng - róng
luò - ruò	luǎn - ruǎn	lùn - rùn	

4. j vs q

① 변별 특질

- 공통점 : 'j'와 'q'는 모두 설면음이자 파찰음인 공통점을 지닌다.

- 차이점 : 불송기음 'j'를 발음하면서 공기를 강하게 내뿜으며 송기음으로 만들면 'q'가 된다.

② 주의사항

- 불송기음 'j'와 송기음 'q'는 이론적으로는 쉽게 구별되지만, 실제 발음 연습을 시켜보면 의외로 구분을 제대로 못하는 경우가 많다. 특히 'q'를 발음하면서 송기를 약하게 함으로써 'j'와 사실상 구분이 안 되게 발음하

는 학생들이 적지 않다.

- 중국인 가운데서도 송기가 약한 경우가 없지는 않은데, 이 때문에 중국어 듣기에 있어서도 간혹 어려움을 겪게 된다.
- 또한 상대적으로 낮은 음에서 시작하는 2성과 3성에서 'q'의 송기가 약해질 수 있다는 사실에도 다시 한 번 주의하자.

③ 연습방법

- 'j'과 'q'음의 발음요령 및 주의사항은 Chapter7을 참조하기 바람.
- 특히 발음이 끝날 때까지 '혀끝-아래 잇몸'을 유지하고, 혓바닥의 앞부분을 충분히 융기시켜 경구개와 접촉 및 마찰이 강하게 이뤄질 수 있도록 해야 한다.
- 'q'를 발음할 때는 다른 어떤 송기음보다 공기를 강하게 내뿜는다는 느낌으로 발음할 것을 권장한다.

④ 듣고 따라 읽기 🔊 21-4

jī - qī	jù - qù	jiǎ - qiǎ	jié - qié
jiū - qiū	jiǎo - qiǎo	jìn - qìn	jiāng - qiāng
jué - qué	juǎn - quǎn		

1. 2성 vs 3성

핵심 변별 자질	2성	3성(주로 반3성)
음높이 변화	고음(5도)까지 올라감	반3성의 경우 소리가 올라가지 않음

핵심 변별 자질	2성	3성(주로 반3성)
음의 길이	상대적으로 짧음. 따라서 다소 가파르게 소리가 올라감	통상적으로 다소 길게 발음됨
성대 끊는 소리	없음	있음
경성 앞	고음(5도)의 소리가 제대로 남	성대 끊는 소리가 제대로 남

2. 'n'운미 vs 'ng'운미

핵심 변별 자질	'n' 운미	'ng' 운미
발음 위치	혀끝 ▶ 윗잇몸	혀뿌리 ▶ 연구개
공통 주의사항	· 주요모음을 길고 분명하게 발음한 후 운미는 짧지만 정확하게 붙인다 · 절대로 '단숨에' 발음하지 않는다 ex) ɑn ≠ 안, ing ≠ 잉	

3. 'l' vs 'r'

핵심 변별 자질	'l'	'r'
발음 위치	혀끝 ▶ 윗잇몸	혀끝 ▷ 경구개
발음 방법	우리말 '을' 연상	'sh'음 기초 + 성대 진동
공통 주의사항	· 우리말 초성 'ㄹ'음과의 관계를 가급적 생각하지 않는다	

4. j vs q

핵심 변별 자질	j	q
송기	공기를 강하게 내뿜지 않는다	공기를 강하게 내뿜는다
공통 주의사항	· '혀끝-아래 잇몸'을 성모의 발음이 끝날 때까지 유지한다 · 혓바닥 앞부분을 충분히 융기시켜 경구개와 접촉 및 마찰이 강하게 이뤄질 수 있도록 한다	

1. 발음을 듣고 큰소리로 따라 읽으세요.

① 2성 vs 3성

- 단어 비교 I (2성 및 3성 +1성 혹은 4성) ◀)) 21-5

bǐsài	bísài(X) → bǐsài	shǐyòng	shíyòng
경기, 시합	코가 막히다	사용하다, 쓰다	실용적이다
hánjià	hǎnjià	tígāo	tǐgāo
겨울 방학	값을 부르다	제고하다, 높이다	키, 신장
jiějué	jiéjué	tóngyī	tǒngyī
해결하다	걸려 넘어지다	동일하다	통일
lǎoshī	láoshī	yánsè	yǎnsè
선생님	군대를 동원하다	색, 색깔	윙크, 눈짓
liángkuai	liǎngkuài	yóuxì	yǒuxì
시원하다	2위안	게임	희망이 있다

- 단어 비교 II (2성 및 3성 +경성) ◀)) 21-6

bízi	bǐzi	jiǎozi	jiáozi
코	(곡식의) 쭉정이	교자 만두	재갈
háizi	hǎizi	mántou	mǎntou(X) → mǎntóu
어린이	(방언) 호수	만터우, 찐빵	온 얼굴

- 2성과 3성 일부 혼동하기 쉬운 성씨 🔊 21-7

병음	한자	병음	한자
Lǐ	李	Lí	黎
Lú	卢(盧)	Lǔ	鲁(魯)
Liú	刘(劉)	Liǔ	柳
Xú	徐	Xǔ	许(許)
Wú	吴(吳)	Wǔ	武
Yú	余	Yǔ	禹
Shí	石	Shǐ	史

※ 좌측의 성씨는 2016년 조사 결과 중국에서 인구수가 보다 많은 성씨임.

② 'n'운미 vs 'ng'운미 🔊 21-8

'n' 운미 → 'ng' 운미	'ng' 운미 → 'n' 운미
ānjìng 조용하다	bìngrén 환자, 병자
cāntīng 식당	fǎngwèn 방문하다
chuántǒng 전통	míngnián 내년
diànyǐng 영화	píng'ān 평안하다
jiànkāng 건강하다	xiāngxìn 믿다, 신뢰하다

③ 'l' vs 'r' 🔊 21-9

'l' + 'r'	'r' + 'l'	
lìrú 예컨대	rèliè 열렬하다	
láirì 장래, 미래, 훗날	ránliào 연료	rǎnliào 염료
lǎorén 노인	rénlèi 인류	
Lóngrén [지명] 용인	ruìlì 예리하다	

④ j vs q 🔊 21-10

'j' → 'q'	'q' → 'j'
jīqì 기계, 기기	qíjì 기적
jiàqian 가격, 값	qiūjì 추계, 가을철
jiāoqū 변두리	qiánjìn 앞으로 나아가다, 전진하다
jiānqiáng 굳세다, 완강하다	qǐngjià 휴가·조퇴 등을 신청하다

2. 다음 녹음을 듣고 발음을 적어보세요. 🔊 21-11

① _____ / _____ (노력하다 / 노예)

② _____ / _____ (단지, 다만 / 직시하다)

③ _____ / _____ (어린이 / (방언) 호수)

④ _____ (진정한, 참된)

⑤ _____ (사냥꾼)

⑥ _____ (용량)

⑦ _____ (우뚝 솟다, 굴기하다)

⑧ _____ (권투, 복싱)

Part4 생활 회화   🔊 21-12

Huānyíng guānglín. Qǐngwèn jǐ wèi?	어서 오세요. 몇 분이신가요?
Sì wèi.	4명이요.
Qǐng gěi wǒ càidān.	메뉴판 좀 주세요.
Fúwùyuán, diǎncài.	여기요! 주문할게요.

Lái yí ge yúxiāngròusī, yí ge
mápódòufu, yí ge
xīhóngshìchǎojīdàn.

Zài lái sì wǎn mǐfàn. Qǐng Xiān
shàng mǐfàn.

Yào shénme tāng?
(yǐnliào / jiǔ)

Lái yì wǎn zǐcàidàntāng.
(liǎng píng kělè / xuěbì
/ píjiǔ / báijiǔ)

Hái yào biéde ma?

Bú yào le, xièxie.

Qǐng mànyòng.

Xiè guānglín, qǐng mànzǒu.

위샹러우쓰(魚香肉絲) 하나, 마포더
우푸(麻婆豆腐) 하나, 시훙스차오지
단(西紅柿炒鷄蛋) 하나 주세요.

또 밥도 네 그릇 주시구요. 밥은 미리
올려주세요.

탕은 어떤 걸로 하시겠어요?
(음료/ 술)

쯔차이단탕(紫菜蛋湯)1) 하나 주세요.
(콜라/ 스프라이트/ 맥주/ 백주
두 병)

또 다른 거 필요한 거 있으세요?

없습니다, 고마워요!

맛있게 드세요.

왕림 감사드립니다. 안녕히 가세요.

---

1) 본 강좌 생활회화에서 나온 음식으로 위샹러우쓰(魚香肉絲)는 돼지고기를 가늘게
썰어 위샹(魚香) 소스를 올려 볶은 요리이고, 마포더우푸(麻婆豆腐)는 우리에게 '마
파두부'로 잘 알려진 음식이다. 둘 다 원래는 사천(四川) 지방 요리이지만, 이미
중국 전역으로 퍼져 우리가 중국에 가면 어디서든 쉽게 맛볼 수 있다. 특히 매콤한
맛이 특징이어서 한국인들의 입맛에도 비교적 잘 맞는다. 시훙스차오지단(西紅柿炒
鷄蛋)과 쯔차이단탕(紫菜蛋湯)은 각각 '토마토 달걀 볶음'과 '김 계란 국' 정도로 번역
이 되는데 이 두 가지 역시 중국에서 흔히 접할 수 있는 매우 대중적인 음식이다.

제22강 변별연습Ⅱ

Part1 원리 이해

1. j, q, x vs z, c, s

① 변별 특질

- 공통점 및 유사점

  · 'j, q'와 'z, c'는 모두 공기를 막았다가 마찰시키면서 발음하는 **파찰음**
  이다.

  · 'x'와 's'는 좁은 틈으로 공기를 마찰시켜서 발음하는 **마찰음**이다.

- 차이점 :

  · 설면음 'j, q, x'는 혓바닥의 앞부분과 경구개 사이에서 발음이 이뤄지고,
  설치음 'z, c, s'는 혀끝과 윗니 뒤 사이에서 발음이 이뤄진다.

  · 'j, q, x'를 발음할 때 혀끝은 아래 잇몸을 떠나지 않으면서 하향의 상태를
  유지하지만, 'z, c'를 발음할 때는 혀끝이 윗니 뒤에 닿으면서 아래로
  내려가지 않는다. 마찰음 's'를 낼 때는 자연스럽게 혀끝이 아래로
  내려가서 아랫니 뒤에 닿게 되지만, 'x'를 발음할 때만큼 많이 내려
  가지는 않는다.

② 주의사항

- 최근 중국에서 설면음 'j, q, x'를 설치음처럼 발음하는 사람들이 적지

않다. 즉 이들은 혀끝을 윗니나 아랫니 뒤에 닿게 한 다음 '찌, 치, 씨'를 소리 내는 것과 유사하게 발음한다. 그러나 이는 분명 발음상의 오류이므로 따라 해서는 안 된다.

- 각각의 정확한 혀끝 위치와 방향 그리고 조음 위치를 확인한 다음, 발음에 있어서 혼동하지 않도록 주의한다.

③ 연습방법

- 'j, q, x'와 'z, c, s'의 발음요령 및 주의사항은 Chapter7과 Chapter8을 각각 참조하기 바람.

- 설면음은 '혀끝-아래 잇몸', 설치음은 '윗니-아랫니 일직선'에 특별히 신경 써서 발음한다.

④ 듣고 따라 읽기 🔊 22-1

jiá - zá	jiào - zào	jiǔ - zǒu	jiāng - zāng	jiǒng - zǒng
qiā - cā	qiǎo - cǎo	qiú - cóu(X)*	qiáng - cáng	qióng - cóng
xià - sà	xiǎo - sǎo	xiū - sōu	xiàng - sàng	xiōng - sōng

* cou는 4성 còu만 존재함

2. z, c, s vs zh, ch, sh

① 변별 특질

- 공통점 및 유사점

  · 'z, c'와 'zh, ch'는 모두 공기를 막았다가 마찰시키면서 발음하는 파찰음이다.

  · 's'와 'sh'는 모두 좁은 틈으로 공기를 마찰시켜서 발음하는 마찰음이다.

· 's'를 제외하면 모두 혀끝이 아래로 내려가지 않는다.

- 차이점 :
  · 설치음 'z, c, s'는 혀끝과 윗니 뒤 사이에서 발음이 이뤄지지만, 설첨후음 'zh, ch, sh'는 혀끝과 경구개 사이에서 발음이 이뤄진다.
  · 'z, c'를 발음할 때 혀끝은 윗니 뒤에 닿게 됨으로써 윗잇몸이나 경구개 방향으로 향할 일이 없지만, 'zh, ch'를 발음할 때는 혀끝이 경구개를 향해서 치켜 올라가게 된다. 'sh'도 'zh, ch'와 같이 혀끝이 경구개를 향해 들리지만, 's'음을 낼 때는 혀끝이 아래로 향한다.
  · 설치음과 설첨후음은 발음 시 입모양에 있어서도 현격한 차이가 난다. 설치음을 발음할 때는 '윗니-아랫니 일직선'의 영향으로 위아래 입술 역시 나란한(입꼬리도 살짝 찢어짐) 모양이 나타나지만, 설첨후음의 경우 혀끝이 경구개 방향으로 치켜 올라가는 것의 영향으로 위아래 입술이 살짝 뒤집어지며 앞으로 얼마간 튀어나오는 모양이 흔히 나타난다.

② 주의사항
- 학생들을 지도해보면, 설첨후음을 낼 때 혀끝이 반드시 경구개 쪽으로 치켜 올라가야 함에도, 혀끝을 충분히 올리지 않아 잇몸이나 심지어 이에 닿아 설치음처럼 들리게끔 발음하는 경우가 간혹 있다.
- 각각의 정확한 혀끝 위치와 방향, 그리고 조음 방법을 확인한 다음, 발음에 있어서 혼동하지 않도록 주의한다.

③ 연습방법
- 'z, c, s'와 'zh, ch, sh'의 발음요령 및 주의사항은 Chapter8과 Chapter9

를 각각 참조하기 바람.

- 설치음은 '윗니-아랫니 일직선', 설첨후음은 '혀 가장자리 입천장 밀착'에 각별히 신경 쓰고, 또한 위 '차이점'에서 말한 각각의 입모양이 제대로 구현되는지 확인한다.

④ 듣고 따라 읽기 🔊 22-2

zī - zhī	zá - zhá	zài - zhài	zǎn - zhǎn	zēng - zhēng
cā - chā	cú - chú	cǎo - chǎo	cén - chén	cuò - chuò
sè - shè	sǒu - shǒu	sāng - shāng	suí - shuí	sǔn - shǔn

3. j, q, x vs zh, ch, sh

① 변별 특질

- 공통점 및 유사점
  · 'j, q'와 'zh, ch'는 모두 공기를 막았다가 마찰시키면서 발음하는 파찰음이다.
  · 'x'와 'sh'는 모두 좁은 틈으로 공기를 마찰시켜서 발음하는 마찰음이다.
  · 설면음과 설첨후음 모두 경구개에서 발음이 이루어진다.

- 차이점 :
  · 모두 경구개에서 발음이 이루어진다고 할지라도, 설면음 'j, q, x'는 혓바닥의 앞부분이 작용하고 설첨후음 'zh, ch, sh'는 혀끝이 작용을 하게 된다.
  · 'j, q, x'를 발음할 때 혀끝은 아래 잇몸을 떠나지 않으면서 하향의 상태를 유지하지만, 'zh, ch, sh'를 발음할 때는 혀끝이 경구개 쪽으로 상향의 상태가 된다.

② 주의사항

- 혀끝의 방향이 확연히 달라 쉽게 구별될 것 같지만, 다음 몇 가지 경우에 있어서는 서로 혼동될 수 있으므로 주의가 요구된다.
- 각각의 정확한 혀끝 위치와 방향 그리고 조음 방법 등을 확인한 다음, 발음에 있어서 혼동하지 않도록 주의한다.

j	zh
jia	zha
jiao	zhao
jiang	zhang
jiu	zhu
jiong	zhong

q	ch
qia	cha
qiao	chao
qiang	chang
qiu	chu
qiong	chong

x	sh
xia	sha
xiao	shao
xiang	shang
xiu	shu

③ 연습방법

- 'j, q, x'와 'zh, ch, sh'의 발음요령 및 주의사항은 Chapter7과 Chapter9 를 각각 참조하기 바람.
- **설면음은 '혀끝-아래 잇몸', 설첨후음은 '혀 가장자리 입천장 밀착'에 특별히** 신경 써서 발음한다. 설면음을 낼 때 혀끝 방향이 하향이라는 것에 주의하면, 혀끝이 위로 들리는 설첨후음과의 변별은 그다지 어렵지 가 않다.
- 설면음이 단운모 'i'의 입모양에 기초하여 발음되는지, 설첨후음이 입술 이 앞으로 얼마간 튀어나오는 모양으로 발음되는지 반드시 확인한다.

④ 듣고 따라 읽기 🔊 22-3

jiā - zhā   qiáo - cháo   xiǎng - shǎng

jiù - zhù   qióng - chóng

Part2 핵심 비법 정리

1. j, q, x vs z, c, s

핵심 변별 자질	j, q, x	z, c, s
혀끝 위치	아래 잇몸	윗니 뒤(z, c), 아랫니 뒤(s)
이의 상태	어금니가 붙어 있음	윗니 - 아랫니 일직선

2. z, c, s vs zh, ch, sh

핵심 변별 자질	z, c, s	zh, ch, sh
조음 위치	혀끝과 윗니 뒤 사이	혀끝과 경구개 사이
혀 운동 방향	앞으로 이동	뒤로 수축
입 모양	'윗니-아랫니 일직선'한 이의 모양이 드러나고, 위 아래 입술은 가지런함(입꼬리도 살짝 찢어짐)	위아래 입술이 살짝 뒤집어지며 앞으로 튀어나옴

3. j, q, x vs zh, ch, sh

핵심 변별 자질	j, q, x	zh, ch, sh
혀끝 위치	아래 잇몸	경구개(단 'sh'는 붙지 않음)
혀 운동 방향	앞으로 이동, 혀끝은 하향	뒤로 수축, 혀끝은 상향
입 모양	단운모 'i'의 입모양	위아래 입술이 살짝 뒤집어지며 앞으로 튀어나옴

1. 발음을 듣고 큰소리로 따라 읽으세요.

① j, q, x vs z, c, s ◀)) 22-4

j, q, x → z, c, s	z, c, s → j, q, x
jiàozuò ~라고 부르다	zàijiàn 또 만나요
jūnzǐ 군자, 덕망이 높은 사람	zuìjìn 최근, 일간
qícì 그 다음	cǎiqǔ 채택하다, 채취하다
qíncài 미나리, 셀러리	sīxiǎng 사상, 생각
xiāngsì 닮다, 비슷하다	suǒxìng 차라리, 아예

② z, c, s vs zh, ch, sh ◀)) 22-5

z, c, s → zh, ch, sh	zh, ch, sh → z, c, s
zǔzhī 조직하다, 구성하다	zhèngzài 지금 ~하고 있다
cāochǎng 운동장, 연병장	zhuōzi 탁자, 테이블
cáichǎn 재산, 자산	chǎocài 요리하다/ 볶음 요리
sùshè 숙사, 기숙사	chúncuì 순수하다, 깨끗하다
sǔnshī 손실, 손해	shísì 14

③ j, q, x vs zh, ch, sh ◀)) 22-6

j, q, x → zh, ch, sh	zh, ch, sh → j, q, x
jǐnzhāng 긴장하다 / 급박하다	zhájiàngmiàn 짜장면
jiùzhù 구조하다	chángqiāng 장총, 소총
qǐchuáng 일어나다, 기상하다	chūqiū 음력 7월, 초가을
xiàngshàng 위로 향하다. 발전하다	shàoxiǎo 젊은 시절
xiūshū 서적을 편찬하다	shàngxiāng 분향하다, 향불을 피우다

2. 다음 녹음을 듣고 발음을 적어보세요. 🔊 22-7

① _____ (신속하다)

② _____ (이전, 종전, 옛날)

③ _____ (잡지)

④ _____ (일식 초밥)

⑤ _____ (분명하다, 명백하다)

⑥ _____ (축배사)

Part4 생활 회화　　　　　　　　　　　　　🔊 22-8

Máfan nǐ bāng wǒ jiào yí liàng chūzūchē, hǎo ma?	죄송한데요, 택시 한 대 불러주시겠어요?
Hǎo.	네.
Xiānsheng, nín yào qù nǎr?	어디로 모실까요?
Qù Rénmínguǎngchǎng dìtiězhàn. (Lǔ Xùn Gōngyuán)	인민광장 전철역 부탁합니다. (루쉰공원)
Sìpínglù (kàojìn) Guóquánlù.	'궈취안'로에 가까운 '쓰핑'로로 가주세요.
(Yánzhe zhè tiáo lù yìzhí) wǎngqián zǒu, zài xià yí ge lùkǒu wǎng zuǒ guǎi. (wǎng yòu guǎi / zuǒ zhuǎn / yòu zhuǎn)	이 길 따라 곧장 앞으로 가시다가 다음 번 교차로에서 좌회전해주세요. (우회전/ 좌회전/ 우회전)

Qiánmiàn kàobiān (tíngchē).   (저기) 앞에 차를 대(고 정차해)주세요.

Gěi nǐ qián.   택시비 드릴게요.

Zhǎo nǐ sān kuài.   여기 거스름돈 3위안입니다.

Chapter 12
우리말 습관 버리기

제23강 우리말 습관 버리기(Ⅰ)

중국어 개별 성모와 운모의 발음이 우리말과 얼마나 다른지는 앞의 Chapter 들에서 충분히 살펴볼 수 있었을 것이다. 본 Chapter에서는 그밖에 우리나라 사람들이 우리말 습관 때문에 제대로 내지 못하는 중국어 발음들을 살펴보도록 하겠다. 우리말 습관을 버리고 중국인들의 발음 방식을 익히게 되면 자신의 발음이 중국인들의 발음에 한층 더 가까워지게 됨을 느끼게 될 것이다.

> Part1 원리 이해

1. '자음동화' 지양하기

① 발음 원리 및 주의사항

- '자음동화'란 어느 하나의 자음이 바로 인접하거나 격리되어 있는 다른 자음의 자질 영향 때문에 그와 같거나 공통점이 많은 다른 자음으로 되는 현상을 가리킨다. 주로 음절 끝 자음이 그 뒤에 오는 자음과 만날 때 이러한 현상이 일어난다. 예컨대 '밥물'이 '밤물'로, '섭리'가 '섭니'로 '섭니'가 다시 '섬니'로 바뀌는 것이 바로 '자음동화'에 해당된다.[1]

- 중국어에서 우리말 '음절 끝 자음'에 대응하는 것으로는 대비음운모 의 운미 'n'과 'ng'가 있다. 이중 우리말 '자음동화'와 관련하여서는 운

---

1) '두산 백과' 및 '네이버 국어사전' 참조

미 'n'의 어음 변화에 주목할 필요가 있다. 가령 운미 'n'의 다음 음절 성모가 쌍순음(b, p, m), 설첨음 'l', 설근음(g, k, h)일 때 약간의 '음변 (音變)현상'이 생길 수 있는데(단, 반드시 생긴다고는 볼 수 없다), 이에 따라 일부 교재에서는 이러한 '음변현상'을 아래와 같이 우리말의 '자음동화'와 거의 유사한 방식으로 설명하기도 한다.[2]

miànbāo → [miɛm pau] 빵 shénme → [ʂəm mə] 무엇

zhǎnlǎn → [tʂal lan] 전시 shānli → [ʂal li] 산속

jiànkāng → [tɕiɛŋ kʻaŋ] 건강 cánkuì → [tsʻaŋ kʻui] 부끄럽다

※ 위 단어들의 국제발음기호(IPA)는 해당 교재의 것을 그대로 인용한 것이다. 따라서 본서에서 중국어 성모 및 운모에 사용한 IPA와는 다소 차이가 날 수 있음을 밝힌다.

- 그러나 중국인들의 실제 발음을 들어보면 위와 같은 '음변현상'은 '의무적'인 것이 아니고 대단히 '임의적'이다. 다시 말해서, 그렇게 발음하는 사람도 있고 그렇게 발음하지 않는 사람도 있다는 것이다. 또한 설령 '음변현상'이 일어나는 경우라도 비교적 경미할 뿐 그렇게 뚜렷하게 구현되지는 않는다. 즉 실제 발음과 위에서 제시한 발음 사이에는 분명 적지 않은 간극이 존재한다. 예컨대 '山里(shānli)'를 아주 뚜렷하게 [ʂal li]라고 하여 'shālli'와 같도록 발음하지는 않는다.
- 물론 발음 속도가 빨라질수록 '음변현상'이 보다 두드러질 수는 있다. 그러나 우리말의 '자음동화' 정도까지는 이르지 않는다.
- 또한 '자음동화'처럼 발음하게 되면 자칫 운미의 비음이 완전히 소실

2) 박경서·이해우 공저, 《중국어발음연습》, 서울 : 신아사, 2012, 179-180쪽.

될 우려도 있다. 가령 zhǎnlǎn을 발음할 때 zhǎn의 'n'이 아무리 뒤의 'l' 성모의 영향을 받을 지라도 비음의 성격은 기본적으로 계속 유지 돼야 하는데, [tʂɑl lɑn]으로 발음하면 비음이 전혀 나지 않게 된다.

② 연습방법

- 운미 '-n'은 앞의 주요모음을 정확하게 발음한 후에 가볍게 붙여야 한다.
- 천천히 발음할 때는 운미 '-n'의 원래 발음 위치('혀끝-윗잇몸')를 반드 시 지켜야 하고, 비음의 성격도 제대로 드러나게 해야 한다.
- 발음이 빨라지는 상황에서는 운미 '-n' 발음(주요모음 다음에 우리말 '은'을 가볍게 붙임. 본서 Chapter6 참조)을 만드는 과정 사이에 다음 음절의 성모를 개입시키면서 자연스러운 '음변현상'이 일어나게 한 다. 이때 다음 음절 성모의 성격에 따라 운미 '-n'의 원래 혀끝 위치를 지킬 수 없는 경우도 생기지만, 해당 음절의 끝에 비음은 어쨌든 제 대로 구현될 수 있게 해야 한다.
- 운미 '-n' 발음을 완성하기 위한 두 가지 요소(혀끝 위치, 입모양) 가 운데, 혀끝 위치는 다음 음절 성모의 영향으로 바뀌더라도, 입모양은 비음이 충분히 구현될 수 있도록 가급적 그대로 가져간다는 느낌으 로 연습해보길 권한다.[3]

④ 듣고 따라 읽기 🔊 23-1

　　nánběi　　běnlái　　shēngāo

---

3) 운미 'n'의 음변 현상과 관련하여 보다 상세한 음성학적인 지식을 원한다면, 안영 희, 《현대중국어 음성학》, 266-279쪽을 참고하기 바람. 이 책에서는 운미 [-n]의 음 가로 [-n], [-m], [-ɱ], [-ɳ], [-ɲ], [-ɴ], [-ŋ] 등 7가지를 제시하였는데, 본서의 요령대로 하면 대부분 자연스럽게 발음할 수 있어 복잡한 설명은 생략하기로 한다.

2. '단숨에' 발음하는 습관 버리기

① 발음 원리 및 주의사항

- '모음축약'의 지양

  · 우리말에서 음운이 줄어드는 현상에는 음운축약과 음운탈락이 있는데, 이들은 발음상 노력경제성의 작용으로 일어나게 된다. 이 가운데 음운이 줄어들되 하나가 완전히 사라지는 것이 아니라 그 특성은 살아서 합류하는 것을 음운축약이라 하며, 모음축약과 자음축약으로 나눌 수 있다. 모음축약의 예로는 '아이 → 애', '보아 → 봐', '모이어 → 모여', '치어 → 쳐' 등이 있다.[4)]

  · 중국어에서는 우리말과 같은 모음축약이 일어나지 않는다. 앞에서 누차 강조한 것처럼, 운두 'i'와 'u'는 비록 짧을지라도 정확하게 발음한 다음 주요모음으로 넘어가야 하고, 절대로 주요모음과 '단숨에' 발음해서는 안 된다. 가령 'ia'는 '야'로 발음해서는 안 되고, 'uen'도 '웬'으로 발음해서는 안 된다.

  ※ 운두뿐만 아니라 운미 역시 주요모음과 '단숨에' 발음되어서는 안 된다. 주요모음을 정확하게 발음한 다음 운미를 가볍게 붙여야 한다는 사실을 명심할 필요가 있다.

- 격음(隔音)부호 사용

  · 음절과 음절이 연결될 때 자연스러움을 추구하는 것은 우리말이든 중국어이든 매한가지이다. 우선 우리말 '주어'를 발음해보자. 그러면 두 음절 사이에 끊어짐이 거의 없으며 빨리 발음하면 거의 '줘'와 같은 소리가 나는 것을 확인할 수 있다. 우리말 단어들은 대체로 이와 같이 '단숨에' 연이어 발음되는 반면, 중국어 단어들은 그렇게 '단

---

4) '두산 백과' 참조

숨에' 발음되지는 않는다.

· 특히 중국어에서는 두 음절 사이의 경계가 애매할 때 '격음 부호'라는 것을 사용하여 두 음절의 소리를 보다 의도적으로 떨어뜨리는 경우도 있다.

· 격음부호를 쓰게 된 것은 음절 사이의 경계를 제대로 나누지 않을 경우 발음에 적지 않은 영향을 끼치기 때문이다.

ex) fān'àn ≠ fā + nàn

· 격음부호의 사용 시기는 두 번째 음절이 성모 없이 모음 'a', 'e', 'o'로 시작할 때로, 이들 세 모음 앞에 ▋를 찍어주면 된다.

※ 모음 'i', 'u', 'ü'는 앞에 성모가 없을 때 'y' 혹은 'w'를 추가하기 때문에 격음부호가 따로 필요 없다.

· 그러나 한국인들 가운데에는 다른 단어는 물론이고, 격음부호가 있는 단어조차 두 음절을 '단숨에' 연이어 발음하고, 심지어는 자기도 모르는 사이에 우리말 습관대로 음운축약까지 일으키는 경우도 있다. 예컨대 도시 이름 Xī'ān을 발음하면서 두 음절을 제대로 구분하지 않아 우리말 '시안' 내지는 '샨'처럼 들리게 발음하는 실수를 범하기도 한다.

② 연습방법

- 중국어 발음을 연습할 때는 한 음절이든 두 음절 이상이든 가급적 '단숨에' 발음하지 않도록 한다. 성모와 운모를 하나하나 제대로 '씹어서' 발음하고 음절 역시 하나하나 정확하게 발음될 수 있도록 노력한다.

- 운두 'i'와 'u'는 어떠한 경우에서라도 정확하게 발음한 다음 주요모음으로 넘어가도록 한다.

- 격음부호가 나타나면 앞 음절과 뒤 음절의 발음을 확실하게 구분시

켜서 발음한다.

- 발음을 빨리할 경우에라도 위 원칙이 가급적 지켜질 수 있도록 노력
한다.

③ 듣고 따라 읽기
- '모음축약'의 지양 🔊 23-2

| jiā | dié | shuǎ | biāo | kuài |
| guān | xiǎn | wēng | qiáng | yòng |

- 격음부호 사용 🔊 23-3

kě'ài(귀엽다)　　　　　　　jī'è(배고프다, 기아에 허덕이다)

wǎn'ān(안녕히 주무세요)

Part2 **핵심 비법 정리**

1. '자음동화' 지양하기

운미	뒤 음절 성모	우리말 습관	교정 방법
-n	쌍순음 b, p, m	-n → -m	· 인위적 '음변현상' 지양 · 발음이 빨라지는 상황에서는 '-n' 발음을 만드는 과정 사이에 다음 음절 성모 개입 · 위 과정에서 '-n'의 입모양(주요모음 뒤 우리말 '은' 가볍게 붙이기)은 가급적 그대로 취해 주고, 혀끝 위치의 변화는 신경 쓰지 않아도 됨
	설첨음 l	-n → -l	
	설근음 g, k, h	-n → -ng	

2. '단숨에' 발음하는 습관 버리기

구분	우리말 습관	교정 방법
음절 내부	모음 축약	· 항상 운두 'i', 'u'를 정확하게 발음한 다음 주요모음 발음 ※ 주요모음 + 운미 역시 '단숨에'를 지양할 것!
음절 + 음절	일상적인 대화 상황에서 한 단어인 경우 음절과 음절 사이를 '단숨에' 이어서 발음한다.	· 음절 하나하나를 정확하게 발음하고 이를 자연스럽게 연결시키는 연습 실시 · 격음부호가 나타나면 두 음절 사이를 보다 확실하게 구분시켜 발음

Part3 **연습**

1. 발음을 듣고 큰소리로 따라 읽으세요.

① '자음동화' 지양하기 🔊 23-4

ānpái 안배하다	běnlái 본래, 원래	cānguān 참관하다
diànhuà 전화	jìnbù 진보하다	ménkǒu 입구, 현관
qiānbǐ 연필	rénmínbì 런민비, 인민폐	wǎnhuì 이브닝 파티
yuánliàng 용서하다	zěnme 어째서, 어떻게	zhǔnbèi 준비하다

② '단숨에' 발음하는 습관 버리기
- 운두 'i', 'u' 발음 집중 연습 🔊 23-5

bàngqiú 야구	cānjiā 참가하다	diànzǐyóujiàn 이메일
liǎojiě 알다, 이해하다	pángbiān 곁, 옆, 부근	qíngkuàng 상황, 정황
tōngguò 통과하다, ~를 통해	wénhuà 문화	zuòyè 숙제

- 격음부호가 있는 낱말 발음 연습 🔊 23-6

bēi'āi 비애, 슬픔	fāng'àn 방안	míng'é 정원, 인원수
nǚ'ér 딸	ǒu'ěr 때때로, 이따금	pèi'ǒu 배필, 배우자

2. 다음 녹음을 듣고 발음을 적어보세요. 🔊 23-7

① _____ (감기)　　　② _____ (견디기 어렵다)

③ _____ (순조롭다)　　④ _____ (방향)

⑤ _____ (재빨리, 속히)　⑥ _____ (모양, 모습, 꼴)

⑦ _____ (솜저고리)　　⑧ _____ (평안하다)

Part4 생활 회화　　　　　　　　　　　🔊 23-8

Nǐ shénme shíhòu fàngjià?　　　너 언제 방학해?

Liù yuè èrshí'èr hào.　　　　　6월 22일에 해.

Jīnnián shǔjià nǐ yǒu shénme　　올해 여름방학 때에는 뭐 할 계획
jìhuà? Bù huí Hánguó ma?　　　이니? 한국에 안 돌아가니?

Zhè cì bù huí Hánguó le. Wǒ　　이번에는 한국에 안 가. 딴 계획이
lìng yǒu ānpái.　　　　　　　있어.

Yǒu shénme ānpái?　　　　　　무슨 계획인지 나한테 좀 들려줄래?
Néng shuō gěi wǒ tīngting ma?

Wǒ dǎsuan qù Nánjīng、Shànghǎi、　난징, 상하이, 시안, 청두 등지로 여행
Xī'ān、Chéngdū děngdì lǚyóu.　　가려고 해.

Tōngguò zhè cì lǚxíng, wǒ xiǎng　이번 여행을 통해 나는 중국 각 대도
liǎojiě yíxià Zhōngguó de　　　시들에 대해 알아보고자 해.
gè dà chéngshì.

Chú le lǚyóu zhīwài, nǐ hái yǒu
bié de jìhuà ma?

여행 말고 또 다른 계획 있어?

Bā yuèfèn wǒ hái yào cānjiā
HSK kǎoshì. Suǒyǐ, wǒ děi
hǎohāor zhǔnbèi.

8월에 HSK시험 보거든. 그래서 열심
히 준비해야 해.

제24강 우리말 습관 버리기(Ⅱ)

Part1 **원리 이해**

1. '연음법칙' 잊기(I) - 운미 'n'의 음변현상

① 발음 원리 및 주의사항

- '연음법칙'이란 "앞 음절의 받침에 모음으로 시작되는 형식 형태소가
이어지면, 앞의 받침이 뒤 음절의 첫소리로 발음되는 음운 법칙"[5]을
가리킨다. 예컨대 '봉달이랑 민숙이가 사귄대'는 실제로는 '봉다리랑
민수기가 사귄대'로 소리가 난다.

- 중국어에서 소위 '앞 음절 받침'에 해당하는 것으로는 대비음운모의
운미 'n'과 'ng'가 있다. 그렇다면 이들 운미 뒤에 모음으로 시작하는
음절이 붙게 되면, 우리말의 받침처럼 이들 운미가 뒤 음절의 첫소리
로 발음될 수 있을까? 먼저 운미 'n'부터 살펴보자. 일부 교재에서는
아래와 같이 운미 'n'의 연음이 가능한 것처럼 설명한다.[6]

---

mián'ǎo → [miɛ-nɑu] 솜저고리   zhuǎnyí → [tʂua-ni] 전이

※ 위 단어들의 국제발음기호(IPA)는 해당 교재의 것을 그대로 인용한 것이
다. 따라서 본서에서 중국어 성모 및 운모에 사용한 IPA와는 다소 차이
가 날 수 있음을 밝힌다.

---

5) '네이버 국어사전' 참조
6) 박경서·이해우,《중국어발음연습》, 180쪽.

- 그러나 실제로 중국인들의 발음은 위와 같이 이루어지지 않는다. 특히 '-n' 운미의 경우에 있어서는 위와 같이 발음하면 전혀 다른 소리로 받아들여질 수 있기 때문에 발음상의 오류를 범하기 쉽다. 예컨대 fān'àn(翻案 판결을 뒤집다)은 fānàn(发难 반란을 일으키다)과 발음이 같지 않고, zhènyǔ(阵雨 소나기)와 zhè nǚ(这女 이 여인)도 혼동해서는 안 된다.

> **김샘의 발음 Talk**
>
> 일부에서는 'n'으로 끝나는 음절 뒤에 'y'로 시작되는 음절이 오면 'n'을 삼키듯 발음한다고 설명하기도 한다.[7] 적절한 설명이라고 할 수 있으나 운미 'n'의 음변현상은 이것 말고도 몇 가지 더 있다. 구체적인 내용은 아래 연습하기를 참조하기 바람.

- 따라서 운미 'n'뒤에 바로 모음으로 시작되는 음절이 오더라도 우리말 '연음법칙'처럼 발음해서는 절대로 안 된다. 운미 '-n'의 발음요령에 보다 집중해야 하고, 그것을 기반으로 중국어만의 독특한 음변현상을 연습을 통해 구현할 수 있어야 한다.
- 운미 '-n'의 발음요령 및 주의사항과 관련해서는 Chapter6, 7, 11을 참조하되, 특히 주요모음과 운미를 '단숨에' 이어서 발음하는 일이 없도록 주의해야 한다.

② 연습방법
- 운미 'n'은 아래의 경우에 있어서 다소 특이한 음변현상이 발생한다.
  · 전설고모음(前舌高元音) 'yi([i])' 혹은 'yu([y])'로 시작하는 음절과 결합할 때

---

7) 화서당 지음, 《(기초부터 완성까지) 중국어 발음》, 서울 : 넥서스CHINESE, 2011, 143-144쪽.

ex) huānyíng

· 'yi' 혹은 'yu' 이외의 모음으로 시작하는 음절과 결합할 때. 단, 이 경우는 의무적인 것은 아니고, 일상 회화에서 말을 빨리할 때 주로 나타난다. ex) fànwéi, wǎn'ān

- 이러한 음변현상이 일어나는 이유는 이어지는 발음의 영향으로 'n' 운미의 소리가 제대로 구현될 수 없기 때문이다.

- 먼저 주요모음을 정확하게 발음한 다음 우리말 '은'을 연상하면서 운미 'n'을 붙이는 연습을 충분히 한다.

- 다음으로 위 과정 사이에 뒤 음절의 모음을 바로 개입시켜 본다. 이 때 혀끝은 운미 'n'의 원래 혀끝 위치(윗잇몸)로 옮기는 것이 아니라, 전설모음의 혀끝 위치(아랫니 뒤)에 그대로 두었다가 뒤 음절로 이어지게 해야 한다. 뒤 음절이 [i] 나 [y]로 시작되는 경우라면 혀끝은 당분간 계속 아랫니 뒤에 머물게 된다.

- 혀끝 위치는 조정되더라도, 입모양은 가급적 그대로 가져간다는 느낌으로 연습하는 것이 좋으며, 운미 'n'이 온전한 소리는 아닐지라도 '비음'의 형태로 남게 되는 것을 확인할 수 있어야 한다.

- 뒤 음절이 모음으로 시작하는 경우는 아니지만, 운미 'n' 뒤에 설면음이 뒤따르는 경우에도 유사한 음변현상이 나타난다. 특히 마찰음 'x'가 뒤따를 때 더욱 비슷한 느낌을 받게 되는데, 이는 'x'를 발음할 때 혀의 모양과 위치가 [i]의 그것과 매우 가깝기 때문이다.[8]

---

8) 다만 음성학적으로 엄밀히 따졌을 때, 뒤 음절에 바로 모음이 이어지는 경우와 설면음이 이어지는 경우에 있어서의 운미 'n' 음변현상은 완전히 같다고는 보기 어렵다. 전자에 있어서 운미 'n'은 '비음'의 형태로 남아 주요모음과 결합하게 되지만, 후자에 있어서는 전설면비음([ɲ])으로 변화된다는 것이 일반적인 설명이다. (안영희, 《현대중국어 음성학》, 275-276쪽 및 278-279쪽 참조)

③ 듣고 따라 읽기 🔊 24-1

piányi	dānxīn	yīnwèi
Tiān'ānmén	fǎn'àn	fǎn'ér

2. '연음법칙' 잊기(Ⅱ) - 운미 'ng'의 음변현상

① 발음 원리 및 주의사항

- 일부 교재에서는 아래와 같이 운미 'ng'도 연음이 가능한 것처럼 설명한다.[9]

---

bīngyì → [pi-ɲi] 병역   dēng'é → [tə-ŋɤ] 불나방

※ 위 단어들의 국제발음기호(IPA)는 해당 교재의 것을 그대로 인용한 것이다. 따라서 본서에서 중국어 성모 및 운모에 사용한 IPA와는 다소 차이가 날 수 있음을 밝힌다.

- 사실 'ng' 운미의 경우엔 연음과 비슷한 현상이 중국어에서도 일어나기는 한다. 그러나 결코 위와 같이 'ng'음이 다음 음절의 성모 자리로 단순히 옮겨가는 정도에 그치지는 않는다.
- 우선 우리말 '병역'을 발음해보자. 앞 음절의 받침 '-ㅇ'을 뒤 음절로 옮겨서 가볍게 발음할 수 있을 것이다. 그러나 중국어 bīngyì의 경우엔 '-ng'음이 거의 두 번 나는 것처럼 발음된다. 즉 [piŋ-ɲi] 정도가 실제 발음에 더욱 가깝다. 따라서 우리말의 '연음'과 같은 현상은 일어나지 않고, 혀뿌리가 우리말보다는 더욱 강하게 연구개에 밀착하게 됨으로써 뒤 음절에도 영향을 끼친다고 이해하는 것이 보다 합리적이다.
- 운미 'ng'의 발음요령 및 주의사항과 관련해서는 Chapter8, 9, 11을

---

9) 박경서·이해우, 《중국어발음연습》, 181쪽.

참조하되, 특히 주요모음과 운미를 '단숨에' 이어서 발음하는 일이 없도록 주의해야 한다.

② 연습방법
- 먼저 주요모음을 정확하게 발음한 다음, 입모양을 유지한 채 운미 'ng'를 짧지만 정확하게 붙이는 연습을 충분히 한다. 혀뿌리가 연구개에 강하게 밀착되도록 특별히 신경 쓴다.
- 그 다음에 뒤 음절의 모음을 연결하면, 운미 'ng'와 뒤 음절 모음 사이에서 발생하는 음변현상을 정확하게 구현할 수 있다.
- 운미 'ng' 관련 음변현상으로 운미 'ng' + 성모 'h'도 겸하여 연습해둘 필요가 있다. 'h'음이 앞 음절 운미 'ng'의 영향으로 마찰이 더욱 심해져서 약한 'k'음처럼 발음되는 것을 확인할 수 있다. ex) Shànghǎi

③ 듣고 따라 읽기 🔊 24-2
　　bàngwǎn　　péngyou　　gōng'ān　　zǒng'é　　chánghé

3. 어기조사 'a(啊)'의 변음

마지막으로 우리나라 학습자들이 별도로 배우지 않으면 제대로 내기 어려운 발음과 관련하여 어기조사 'a(啊)'의 소리 변화를 설명하고자 한다. 일부는 지금까지 설명한 원리에 충실하면 어렵지 않게 이해하고 발음할 수 있는 것들이고, 그 이외의 것들은 중국인들의 발음습관으로 굳어진 것으로 원리를 따로 설명할 방법이 없다. 따라서 아래에서는 원리나 주의사항에 대한 설명은 줄이고 발음 방법을 위주로 간략하게 정리하도록 하겠다.

① 앞 음절이 'a', 'o', 'e', 'i', 'ü'로 끝날 때

- 'a' → 'ya(呀)'

- 일반적인 발음 원리로는 설명이 어려운 독특한 발음습관이므로 별도로 익혀두어야 함.

- 단 'ao'는 원래 'au'이기 때문에 여기에 포함되지 않음.

  ex) Nǔlì gōngzuò ya! 열심히 일해야지!

② 앞 음절이 'u'로 끝날 때

- 'a' → 'wa(哇)'

- 'ao, iao'도 여기에 속함

- 비교적 자연스러운 음변현상에 속함.

  ex) Gèzi hěn gāo wa! 키가 크네!

③ 앞 음절이 운미 'n'으로 끝날 때

- 'a' → 'na(哪)'

- 매우 독특한 중국인들의 발음습관이므로 주의해서 익혀야 함. 이 경우를 제외하고 운미 'n'뒤에 모음이 나타나면 '-n n+모음'과 같이 발음되지 않는다.

  ex) Duō hǎokàn na! 얼마나 보기 좋아!

④ 앞 음절이 운미 'ng'으로 끝날 때

- 'a' → 'nga'

- 비교적 자연스러운 음변현상에 속함.

  ex) Bù xíng nga! 안 돼!

⑤ 앞 음절이 'zi, ci, si'로 끝날 때

- 'a' → [zʌ]

- [z]는 한어병음의 'z'([ts])가 결코 아니다. 설치음(舌尖前音) 가운데 마찰음인 [s]와 동일한 조음위치를 가지는 음으로, [s]를 내는 것과 똑같은 요령으로 발음하되 성대만 진동시켜주면 된다.

- 사실 이 소리를 인위적으로 내는 것은 권장하지 않는다. 'zi, ci, si'를 발음하면서 소리를 끊지 않은 상태에서 [ʌ]를 붙여 자연스럽게 [z]음이 들어가게 하는 것이 바람직하다.

  ex) Jǐ cì a? 몇 번이니?

⑥ 앞 음절이 'zhi, chi, shi, ri' 혹은 권설운모(er) 로 끝날 때

- 'a' → 'ra'

- 비교적 자연스러운 음변현상에 속하므로, 일부러 'r'음을 의식하고 넣을 필요는 없다.

  ex) shénme shì ra? 무슨 일이야?

김샘의 발음 Talk

  마지막으로 비록 개별 음절의 발음과 관련된 내용은 아닐지라도, 중국어 발음 학습에 유용한 몇 가지 조언을 하고자 한다.

  (1) 중국어도 '끊어 읽기'를 하는가?
  정답은 '당연히 끊어 읽기를 한다'이다. 중국인들도 호흡을 해야 하기 때문에, 긴 문장일 경우 중간에 휴지(pause)를 둘 수밖에 없다. 중국어 문장을 보면 우리나라처럼 띄어쓰기를 하지 않는 것을 쉽게 발견한다. 그렇다고 해서 **句号**(。)나 **逗号**(,) 등 표점부호가 있는 곳에서만 휴지를 두는 것은 아니다. 표점부호가 없더라도 문장의 어떤 성분이 길어서 호흡에 영향을 준다면 끊어 읽기가 얼마든지 가능하다. 일반적으로 문장성분의 의미 관계 혹은 문법 관계를 고려하여 끊어

읽는 편이 좋으며, 경우에 따라서는 전적으로 발화 습관에 따르기도 한다. 다만 아래와 같은 상황에서는 우리말 습관의 영향을 받지 않기를 권한다.

중국어에서 우리말 '-도'는 **부사 'yě(也)'**를 써서 표현한다. 이에 따라 많은 한국인들은 'yě(也)'를 주어 뒤에 바로 붙여서 읽는 경향이 있다. 예컨대 '**北京的夏天也这么热吗？**'를 읽을 때, 한국인들은 흔히 'Běijīng de xiàtiān yě / zhème rè ma?'와 같이 끊어서 읽곤 한다. 그러나 중국어의 'yě(也)'는 부사이지 우리말 '-도'처럼 조사가 아니다. 부사라면 서술어(중국어로는 '谓语'라고 한다)를 수식하는 성분이므로, 당연히 뒤에 나오는 서술어 혹은 서술구와 보다 긴밀하게 결합하게 된다. 따라서 위 문장은 'Běijīng de xiàtiān / yě zhème rè ma?'와 같이 읽는 것이 보다 바람직하다.

(2) 중국어에도 강세와 억양이 있는가?

정답은 역시 '있다'이다. 중국어에 성조가 있다고 해서 별도로 강세와 억양이 없는 것은 아니다.

중국어의 강세는 일반적으로 발음의 길이와 성조의 음폭으로 조절된다. 즉 **강조할 말일수록 발음이 보다 길고 성조의 상하 음폭도 더욱 크게 하는 경향**이 나타난다. 하나의 단어에서 있어서 우리말의 경우 소리가 점차 약해진다면(예컨대 '대한민국'을 발음해보라), 중국어는 소리가 점차 세지는 특징(예로 Dàhán Mínguó 를 발음해보라)이 있다. 문장에 있어서는 해당 문장의 '핵심'이 어디에 있느냐에 따라 강세가 달라진다. 강조하고자 하는 말이 무엇인지는 비교적 어렵지 않게 알 수 있으므로, 그 단어나 구를 더 길고 분명하게 발음하면 강세가 주어지게 되는 것이다.

억양과 관련하여서는 평서문일 경우엔 끝으로 갈수록 음의 높이가 내려가고, 의문문일 경우 반대로 음의 높이가 올라가는 경향을 보인다. 이는 영어나 한국어의 특징과 유사하기는 하지만, 중국어에 있어서는 성조와 결부되어 성조대역의 상승과 하강, 그리고 성조의 상하 음폭의 대소(大小) 등으로 억양이 구현되는 특징이 있음에 주목해야 한다.[10]

---

10) 중국어 '끊어 읽기'와 관련하여 한국인 학습자들의 독특한 습관을 분석한 글로는 심소희의 〈한국인의 중국어 문장 끊어 읽기에 대한 고찰〉《중국언어연구》제8집)이라는 논문이 대표적이다. 일반인 독자들은 이 논문의 내용을 정리하여 소개한 엄익

1. 운미 'n'의 음변현상

운미	뒤 음절 첫소리	소리의 변화	핵심 비법
-n	'yi' 혹은 'yu'	운미 'n' 묵음화. 단 비음 형태로 남음	주요모음 발음 후 우리말 '은' 연상하며 'n' 운미 발음 시작 ↓ 혀끝은 아랫니 뒤에 그대로 두고, 입 모양만 '은'으로 가져간다는 느낌으로 발음하다가 다음 음절 모음 개입 ※ 온전한 운미 'n'의 소리는 아니더라도 앞 음절에서 비음이 구현되는지는 확인이 필요함
	'a', 'e', 'o', 'wu'	위와 같음. 단 의무적인 것은 아님 (발음을 빨리 할 때 잘 나타남)	

2. 운미 'ng'의 음변현상

운미	뒤 음절 첫소리	소리의 변화	핵심 비법
-ng	모음	[-ŋ] - [ŋ+모음]	·주요모음 발음 후 입모양을 유지한 채 '-ng' 발음 ·혀뿌리를 연구개에 강하게 밀착 ↓ ·뒤 음절의 모음 혹은 'h'음 연결
	h	[-ŋ] - [k'+모음] 단 [k']음은 본래 소리보다는 약함	

상·박용진·이옥주 공저《중국어교육론》(서울 : 한국문화사, 2015)의 제8장 4절을 참조할 수 있다. 이밖에 '끊어 읽기(휴지)'를 비롯하여, 중국어의 '강세', '억양' 등에 관한 보다 상세한 설명을 원하는 독자가 있다면, 박종한 등《중국어의 비밀》의 10장 5절과 6절에 전문적인 서술이 있으므로 이를 참조할 것을 권한다.

3. 어기조사 'a(啊)'의 변음

어기조사	앞 음절 끝소리	소리의 변화	비고
a(啊)	'a', 'o', 'e', 'i', 'ü'	'a' → 'ya'(呀)	'ao' 및 'iao'는 원래 'au'이기 때문에 여기에 포함되지 않음 표기는 啊와 呀 둘 다 가능
	'u'	'a' → 'wa'(哇)	'ao' 및 'iao' 포함 표기는 啊와 哇 둘 다 가능
	'-n'	'a' → 'na'(哪)	표기는 啊와 哪 둘 다 가능
	'-ng'	'a' → 'nga'	표기는 그대로 '啊'임
	'zi', 'ci', 'si'	'a'([A]) → [zA]	[z]는 [s]의 유성음 표기는 그대로 '啊'임
	'zhi, chi, shi, ri' 혹은 권설운모(er)	'a' → 'ra'	표기는 그대로 '啊'임
주의사항	· 'ya', 'na'로 변하는 것을 제외하면, 중국어의 발음원리에 따라 자연스럽게 발음되기 때문에 인위적으로 소리를 포함시키지 않도록 주의한다. · 'ya', 'na'로의 소리 변화는 중국인들의 독특한 발음 습관이므로 별도로 익혀두어야 한다.		

Part3 연습

1. 발음을 듣고 큰소리로 따라 읽으세요.

① 운미 'n'의 음변현상 ◀》 24-3

diànyǐng 영화	fānyì 번역/통역하다	guānyú ~에 관해서
huānyíng 환영하다	yīnyuè 음악	diǎnxin 간식, 딤섬
gǎnxiè 고맙다, 감사하다	liánxì 연락하다, 연결하다	rènwéi 여기다, 생각하다

② 운미 'ng'의 음변현상 🔊 24-4

dòngwù 동물	fǎngwèn 방문하다	gōngyuán 공원
qǐngwèn 말씀 좀 여쭙겠습니다.	shàngwǎng 인터넷 하다	tóngyì 동의하다
yǒngyuǎn 영원히	chuānghu 창문, 창	pǔtōnghuà 중국 표준어

③ 어기조사 'a(啊)'의 변음 🔊 24-5

앞 음절 끝소리	예 문
'a', 'o', 'e', 'i', 'ü'	Jiùshì **tā** ya! (wǒ / wǒ gēge / nǐ / wǒ nǚxu / wǒ jiějie) 바로 그 사람이에요! (저/ 저희 형/ 당신/ 제 사위/ 저희 누나) Hǎo lèi ya! 엄청 피곤하군!
'u'	Nǐ zài nǎlǐ zhù **wa**? 어디 묵으세요? Zhēn hǎoxiào **wa**! 정말 웃기는군!
'-n'	Hǎo **chén** na!(mèn / tián / suān / kùn) 너무(아주) 무거워! (답답해 / 달콤하군 / 시다 / 졸려) Tiān na! 세상에나! (Oh! My God!) Lí zhèr hěn jìn na! 여기서 아주 가까워요!
'-ng'	Hǎo **xiāng** nga! (tàng / zāng / ānjìng / tòng) 아주(너무) 향기롭네! (뜨겁다 / 더럽군/ 조용하네 / 아파)
'zi', 'ci', 'si'	Shēng bùrú sǐ a! 사는 게 죽느니만 못하네!
'zhi, chi, shi, ri' 혹은 권설운모(er)	Zhēn hǎochī ra! 정말 맛있다! Nǐ zài nǎr ra? 너 어디 있는 거니?

2. 다음 녹음을 듣고 발음을 적어보세요. 🔊 24-6

① _____ (만족하다) ② _____ (문자 메시지)

③ _____ (뉴스) ④ _____ (평안)

⑤ _____ (중요하다) ⑥ _____ (생활하다)

Zìwǒ jièshào 자기소개

Dàjiā hǎo!	안녕하세요!
Wǒ lái jièshào yíxià zìjǐ.	제 소개를 하겠습니다.
Wǒ jiào Hóng Jítóng, shì Dàhán Dàxué fǎxuéxì èr niánjí de xuésheng.	제 이름은 홍길동이고, 대한 대학 법학과 2학년 학생입니다.
Chūshēng yú yī jiǔ jiǔ qī nián, jīnnián èrshí (zhōu)suì.	1997년에 태어나서 올해 만 20살입니다.
Wǒ de àihào shì dǎ lánqiú hé tīng yīnyuè.	취미는 농구랑 음악이구요,
Wǒ huì tán gāngqín, tán de háikěyǐ, érqiě tiàowǔ tiào de yě hěn búcuò.	피아노를 그럭저럭 잘 치고 춤도 썩 잘 추는 편입니다.
Wǒ de lǐxiǎng shì dāng yì míng fǎguān huò lǜshī.	제 장래희망은 법관 혹은 변호사가 되는 것이고,
Xīwàng xuéhǎo hànyǔ, néng gēn xǔduō Zhōngguó péngyou jiāoliú.	중국어를 배워서 많은 중국인 친구들과 교류할 수 있기를 희망합니다.
Bìng xīwàng néng yǒu jīhuì dào Zhōngguó dàlù qù gōngzuò.	아울러 기회가 닿으면 중국 대륙에 가서 일도 하고 싶습니다.
Yǐhòu qǐng duōduo guānzhào. Xièxie!	앞으로 잘 부탁드립니다. 감사합니다!

멋진 발음으로(Ⅳ)

- 잰말놀이(绕口令)

1. 산 앞에 돌사자 44개가 있어요.

山前有四十四个石狮子, 山后有四十四棵死涩柿子树。

Shān qián yǒu sìshísì ge shíshīzi,

Shān hòu yǒu sìshísì kē sǐ sè shìzishù.

산 앞에는 돌사자 44개가 있구요,

산 뒤에는 지독하게 떫은 감나무가 44그루 있어요.

山前这四十四个石狮子, 吃了山后边四十四棵死涩柿子树的涩柿子。

Shān qián zhè sìshísì ge shíshīzi,

Chīle shān hòubian sìshísì kē sǐ sè shìzishù de sè shìzi.

산 앞의 이 돌사자 44개는,

산 뒤의 지독하게 떫은 감나무 44그루의 떫은 감을 먹었어요.

山前的四十四个石狮子, 让山后边四十四棵死涩柿子树的涩柿子给涩死了。

Shān qián de sìshísì ge shíshīzi,

Ràng shān hòubian sìshísì kē sǐ sè shìzishù de sè shìzi gěi sèsǐ le.

산 앞의 돌사자 44개는,

산 뒤의 지독하게 떫은 감나무 44그루의 떫은 감 때문에 떫어 죽을 지경이네요.

2. Liu(劉)씨 마을엔 Liu Xiaoniu가 있어요.

刘村有个刘小牛, 柳村有个柳小妞。

Liúcūn yǒu ge Liú Xiǎoniú,

Liǔcūn yǒu ge Liǔ Xiǎoniū.

Liu(劉)씨 마을엔 Liu Xiaoniu(劉小牛, 유소우)가 있고

Liu(柳)씨 마을엔 Liu Xiaoniu(柳小妞, 류소뉴)가 있어요.

刘小牛去放牛，柳小妞种石榴。

Liú Xiǎoniú qù fàngniú,

Liǔ Xiǎoniū zhòng shíliu.

Liu Xiaoniu(劉小牛)는 소를 방목하러 가고

Liu Xiaoniu(柳小妞)는 석류를 심어요.

刘小牛让柳小妞骑牛牛，柳小妞让刘小牛吃石榴。

Liú Xiǎoniú ràng Liǔ Xiǎoniū qí niúniú,

Liǔ Xiǎoniū ràng Liú Xiǎoniú chī shíliu.

Liu Xiaoniu(劉小牛)는 Liu Xiaoniu(柳小妞)가 소를 타게 해주고,

Liu Xiaoniu(柳小妞)는 Liu Xiaoniu(劉小牛)에게 석류를 먹게 해주네요.

해설

중국어에는 유사한 발음이 유독 많다. 그리고 같은 성모와 운모라고 하더라도 성조가 달라짐에 따라 다른 뜻을 나타내게 되는 경우도 허다하다. 그 결과 힘든 발음이나 혀가 '꼬이는' 말을 하게 하면서 함께 즐기는 '잰말놀이(绕口令)'가 매우 발달해 있다. 지금까지 익힌 멋진 중국어 발음으로 '잰말놀이'를 해보면서, 자신의 발음이 얼마나 좋아졌는지 느끼고 동시에 그 어떤 어려운 발음도 해낼 수 있다는 자신감을 가져보면 어떨까?

생활 회화 본문 한자(簡化字)

Chapter 1
제1강
你好!
你好吗?
再见!

제2강
谢谢!　　　　　不客气!(不谢!)
对不起!　　　　没关系!

Chapter 2
제3강
你去不去?　　我不去。
明天你来吗?　　不来。

제4강
你叫什么名字?
我叫朴宝剑。
您贵姓?
我姓范, 叫范冰冰。
认识你, 很高兴。
认识你, 我也很高兴。

Chapter 3
제5강
我爱你!　　　　我不喜欢他。
奶奶给我买了一只狗。
你最近怎么样?
很好。／ 还可以。

제6강
麻烦你了。
好久不见。
你是哪国人?
我是中国人, 你呢?
(韩国／美国／法国)

Chapter 4
제7강
下雪了。　　　　下雨了。
他是谁?　　　　他是我朋友。
(我们的老师／我姐姐)
他有男朋友吗? / 女朋友
有。／没有。

제8강
我每天晚上都刷牙。
你今年多大了?
(我今年)二十四岁。

█ Chapter 5
제9강
这是什么? / 那
这是香蕉。/ 手表
这个多少钱?
八块五。/ 六十九(块 or 元)。
太贵了。便宜点儿, 好吗?
好。/ 不行。
有没有便宜点儿的?
有。/ 没有。

제10강
你在哪个大学念书?
我在大韩大学念书。
你是哪个专业, 几年级的学生?
我是中文系三年级的学生。
(历史系／法学系／化学系／体育
系)
他是我的同班同学。

█ Chapter 6
제11강
谭老师(最近)身体怎么样?
(他身体)很好／还可以／不太好。
今天天气怎么样?
他人怎么样?
祝你好运!

제12강
你会开车吗? (喝酒／说汉语)
我会。/ 会一点儿。/ 不会。
祝你身体健康。
祝你生日快乐。
恭喜恭喜!

█ Chapter 7
제13강
你去哪儿?　　　我去图书馆。
图书馆在哪儿?　　就在那儿。
中山公园离这儿远吗?
不远, 很近。
你吃过(共和春的)炸酱面吗?
吃过。
味道怎么样?
很好吃。/不太好吃。/还可以。

제14강

你喜欢哪个季节?

我喜欢春天。(夏天／秋天／冬天)

今天几月几号?　　三月七号。

前天-昨天-今天-明天-后天

星期几?　　　　星期六。／天

现在几点?

三点半。／九点一刻。／七点零五分。

Chapter 8

제15강

别紧张了。(忘／等)

你在做什么?

我正在帮(我)女朋友买东西。

欢迎光临。

제16강

喂, 金先生在吗?

他刚出去。您是哪(一)位?

我是他组长, 叫宋承宪。

麻烦你叫他给我回个电话, 好吗?

好。

我的电话号码是13585579373。

你打错了。

不好意思。

Chapter 9

제17강

我们明天早上几点起床?

(出发／吃饭)

八点。

这苹果怎么卖?　　四块钱一斤。

我要两斤。

你有数码相机吗?　　有。

(毛笔／橡皮／修正液)

那(么)借我用一下, 行不行?

(好不好／可以吗)

行。(好／可以)

제18강

请问, 去首尔火车站怎么走?

一直走, 然后在第一个十字路口往

右拐。／左

离这儿有多远? 要坐车吗?

不用坐车。走五分钟就到了。

你(有)多高? ／ 重

Chapter 10

제19강

你明天有什么计划?

我想去百货商店, 给我儿子买点儿

东西。

买什么?　　　　买双运动鞋。

你儿子喜欢什么牌儿的?

他要新百伦的。

应该挺贵的吧?

是的。大概三四百吧。

那晚上呢?

和家人一块儿去串儿店吃羊肉串儿。

제20강

您要买什么?

我要买一双儿童运动鞋。新百伦的。

有没有大一点儿的?

有。您要多少号的?

要34号的。

好,请稍等。

多少钱?

原价三百,现在打八折,二百四。

可以刷卡吗?

可以。/ 不好意思。我们只收现金。

■ Chapter 11

제21강

欢迎光临。请问几位?

四位。

请给我菜单。　　服务员,点菜。

来一个鱼香肉丝,　一个麻婆豆腐,

一个西红柿炒鸡蛋。

再来四碗米饭。请先上米饭。

要什么汤?　　　　(饮料／酒)

来一碗紫菜蛋汤。

(两瓶可乐／雪碧／啤酒／白酒)

还要别的吗?　　不要了,谢谢。

请慢用。

谢光临,请慢走。

제22강

麻烦你帮我叫一辆出租车,好吗?

好。

先生,您要去哪儿?

去人民广场地铁站。/ 鲁迅公园

四平路(靠近)国权路。

(沿着这条路一直)往前走,　在下一

个路口往左拐。(往右拐／左转／右

转)

前面靠边(停车)。

给你钱。　　　　　找你三块。

■ Chapter 12

제23강

你什么时候放假?

六月二十二号。

今年暑假你有什么计划?　不回韩国

吗?

这次不回韩国了。我另有安排。

有什么安排? 能说给我听听吗?

我打算去南京、上海、西安、成都等地旅游。

通过这次旅行，我想了解一下中国的各大城市。

除了旅游之外，你还有别的计划吗？

八月份我还要参加HSK考试。所以，我得好好儿准备。

제24강

自我介绍

大家好！我来介绍一下自己。我叫洪吉童，是大韩大学法学系二年级的学生。出生于一九九七年，今年二十(周)岁。我的爱好是打篮球和听音乐。我会弹钢琴，弹得还可以，而且跳舞跳得也很不错。我的理想是当一名法官或律师。希望学好汉语，能跟许多中国朋友交流。并希望能有机会到中国大陆去工作。以后请多多关照。谢谢！

연습문제 정답

▌제1강
① māma ② gēge
③ mō ④ hǎo de
⑤ chē

▌제2강
① bóbo ② bàba
③ kě ④ hē
⑤ shì

▌제3강
① yū ② kù
③ qǐ ④ dìdi
⑤ dúshū ⑥ nǚxu

▌제4강
① pù ② mà
③ bǐ ④ míng
⑤ pīn ⑥ bēn

▌제5강
① nǎinai ② hēi
③ māo ④ dōu
⑤ měizhōu ⑥ fēijī

▌제6강
① fàn ② pà
③ fēng ④ miànbāo
⑤ bànfǎ ⑥ fēnbié

▌제7강
① yéye ② yá
③ xué ④ bié de
⑤ juéde

▌제8강
① wáwa ② shuōhuà
③ Měiguó ④ wàzi
⑤ zhuōzi

▌제9강
① biǎoshì ② yóujú
③ zúqiú ④ kuàilè
⑤ wàimian ⑥ fǎnduì

제10강

① dāngrán　② pǔtōnghuà

③ xīnnián　④ yuèliang

⑤ diànnǎo

제11강

① càidān　② zhēn de

③ zīxún　④ xiāngxìn

⑤ sànbù　⑥ qīnrén

제12강

① guójiā　② hòutiān

③ kuàngquánshuǐ

④ shèhuì　⑤ yóukè

⑥ xíguàn

제13강

① huànqián　② qǐng wèn

③ zhǔnbèi　④ xuǎnzé

⑤ yánsè　⑥ shāngdiàn

제14강

① jīngjù　② xuéxí

③ qùnián　④ zìxíngchē

⑤ yǐqián　⑥ yóujú

제15강

① fàngxīn　② réngrán

③ gōngzuò　④ niánqīng

⑤ pǔtōnghuà

⑥ chūshēng

제16강

① càidān　② suǒyǐ

③ zuǒyòu　④ gōngzuò

⑤ gàosu　⑥ shēngcí

제17강

① xiāngxìn　② wǎngzhàn

③ sàiwēngshīmǎ

④ qǐchuáng

⑤ qióngrén　⑥ zhèyàng

제18강

① zhòngyào　② rènshi

③ hùzhào　④ shuǐpíng

⑤ chǎngmiàn

⑥ tūrán

제19강

① ěrduo　② nàr

③ wányìr　④ míngrge

⑤ méishìr　⑥ bīnggùnr

제20강

① fāxiàn　② jīhuì

③ pīngpāngqiú

④ liúlì ⑤ zhěntou

⑥ zhōngdiǎnzhàn

▌ 제21강

① nǔlì / núlì

② zhǐshì / zhíshì

③ háizi / hǎizi

④ zhēnzhèng ⑤ lièrén

⑥ róngliàng ⑦ juéqǐ

⑧ quánjī

▌ 제22강

① xùnsù ② cóngqián

③ zázhì ④ shòusī

⑤ qīngchu ⑥ zhùjiǔcí

▌ 제23강

① gǎnmào ② nánguò

③ shùnlì ④ fāngxiàng

⑤ gǎnkuài ⑥ yàngzi

⑦ mián'ǎo ⑧ píng'ān

▌ 제24강

① mǎnyì ② duǎnxìn

③ xīnwén ④ píng'ān

⑤ zhòngyào ⑥ shēnghuó

◇ 중국어 음성학 및 교수법 관련 (단행본→논문, 국내저자→국외저자, 가나다순)

박종한 · 양세욱 · 김석영, 《중국어의 비밀》, 서울: 궁리, 2012

안영희, 《현대중국어 음성학》, 서울: 한국HSK사무국, 2016

엄익상, 《중국어 음운론과 응용》, 서울: 한국문화사, 2012

엄익상 · 박용진 · 이옥주, 《중국어교육론》, 서울: 한국문화사, 2015

이재돈, 《중국어음운학》, 서울: 살림, 1994

唐作藩, 심소희 역, 《중국음운학》, 서울: 교육과학사, 2000

林燾 · 王理嘉 저, 王輯佳 · 王理嘉 증정, 심소희 편역, 《중국어음성학》, 서울: 교육과학사, 2016

뚜안무 쌴(San Duanmu), 엄익상 · 양세욱 · 정현정 · 강희조 옮김, 《표준중국어음운론》, 서울: 한국문화사, 2005

徐世榮, 《普通話語音常識》, 北京: 語文出版社, 1999

王天昌, 임일호 역, 《중국어음학연구》, 서울: 성균관대학교 출판부, 1995

張和生, 김영민 · 박원기 · 전기정 옮김, 《중국어 교수법 연구》, 서울: 박이정, 2015

정진취앤(Chin-Chuan Cheng), 엄익상 옮김, 《현대중국어 생성음운론》, 서울: 학고방, 2007

Jerry Norman, 전광진 역, 《중국언어학총론》, 서울: 동문선, 1996

崔永華 · 楊寄洲 주편, 이혜임 편저, 《효과적인 중국어 교수법》, 성남: 북코

리아, 2014

김석영, 〈현대 중국어 3성 성조변화와 경성의 성격〉, 《중국언어연구》제15
집, 2002

배은한, 〈중국어 운모 /iong/의 음가 분석 및 분류 문제 고찰〉, 《中國文學
硏究》 50집, 2016

심소희, 〈한국인의 중국어 문장 끊어 읽기에 대한 고찰〉, 《중국언어연구》
제8집, 1999

심소희, 〈중국어 성조의 인지와 교육〉, 《말소리》제40집, 2000

◇ 중국어 발음 및 회화 교재 (국내저자→국외저자, 가나다순)

박경서 · 이해우, 《중국어발음연습》, 서울: 신아사, 2012

박정구 · 백은희, 《다락원 중국어마스터 Step1》, 파주: 다락원, 2008

맹주억, 《중국어발음》, 서울: 동방미디어, 1996

허성도, 《쉽게 배우는 중국어 입문》, 서울: 사람과 책, 2007

화서당, 《(기초부터 완성까지)중국어 발음》, 서울: 넥서스, 2011

仇鑫奕 편저, 《外國人漢語發音訓練》, 北京: 고등교육출판사, 2011

戴桂英 · 劉立新 · 李海燕 편저, 《(중국어뱅크 북경대학) 한어구어1》, 서울:
동양Books, 2012

이동훈 · 김충실, 《한글로 배우는 표준 중국어 발음》, 서울: 박이정, 2005

陳亮光 주편, 엄익상 편역, 《멀티미디어 LIVE 중국어 발음 클리닉》, 서울:
라이브중국어, 2011

◇ 웹사이트 및 기타 자료

네이버 국어사전 http://krdic.naver.com/

두산 백과 http://www.doopedia.co.kr/

교육부, 〈제2외국어과 교육과정〉, 교육부 고시 제2015-74회[별책 16]

저자 약력

▌김보경(金甫暻)
서울대학교 중어중문학과에서 학사 및 석사학위를 취득하였고,
중국 復旦大學 中國語言文學系에서 박사학위를 취득하였다.
현재 명지대학교 중어중문학과 교수로 재직 중이다.

중국 고전시가를 주 전공으로 하고 있고,
특별히 蘇軾(蘇東坡) 문학 관련 연구 논문을 다수 발표하였다.
대학에서 중국어발음 교과목을 다년간 지도하였고
전공인 고전시가 과목에서조차 정확한 중국어 발음을 강조할 정도로
중국어 발음에 대한 애착이 각별하다.

주요 논문으로는
「宋元時期 蘇詩版本에 대해서」
「朝鮮刊本 『精刊補註東坡和陶詩話』 수록 蘇軾詩 원문 연구」
「袁宏道·譚元春 選評本 『東坡詩選』 初探」 등이 있고

주요 저서로는
『蘇軾"和陶詩"考論-兼及韓國"和陶詩"』(中國)가 있다.

한국인을 위한
김샘의 중국어 발음 원리 강의

초판 1쇄 발행 2017년 9월 5일
초판 2쇄 발행 2022년 3월 2일

지 은 이 | 김보경
펴 낸 이 | 하운근
펴 낸 곳 | 學古房

주   소 | 경기도 고양시 덕양구 통일로 140 삼송테크노밸리 A동 B224
전   화 | (02)353-9908 편집부(02)356-9903
팩   스 | (02)6959-8234
홈페이지 | http://hakgobang.co.kr/
전자우편 | hakgobang@naver.com, hakgobang@chol.com
등록번호 | 제311-1994-000001호

ISBN   978-89-6071-696-4 93720

값 : 15,000원

※ 중국어 발음 음원은 Webhard.co.kr에 접속 후 게스트폴더 ⇨ 김샘의 중국어 발음 원리
   강의에서 다운로드 받으시기 바랍니다.(ID : hakgobang1 PW : hakgobang)